竞技武术套路动作库

国家体育总局武术运动管理中心　审定

刀术

人民体育出版社

**图书在版编目（CIP）数据**

刀术 / 国家体育总局武术运动管理中心审定. -- 北京：人民体育出版社, 2023
（竞技武术套路动作库）
ISBN 978-7-5009-6334-9

Ⅰ.①刀… Ⅱ.①国… Ⅲ.①刀术(武术)—套路(武术) Ⅳ.①G852.221.9

中国国家版本馆CIP数据核字(2023)第121141号

\*
人民体育出版社出版发行
北京新华印刷有限公司印刷
新 华 书 店 经 销
\*
710×1000　16 开本　11.5 印张　144 千字
2023 年 9 月第 1 版　2023 年 9 月第 1 次印刷
印数：1—3,000 册
\*
ISBN 978-7-5009-6334-9
定价：46.00元

社址：北京市东城区体育馆路 8 号（天坛公园东门）
电话：67151482（发行部）　　　邮编：100061
传真：67151483　　　　　　　　邮购：67118491
网址：www.psphpress.com
（购买本社图书，如遇有缺损页可与邮购部联系）

# 编 委 会

主　　任　陈恩堂

副 主 任　徐翔鸿　杨战旗　陈　冲

总 主 编　陈恩堂

副总主编　樊　义　李英奎

## 主编

王晓娜（长拳）　　　　　王　怡　刘海波（刀术）

范燕美　冯静坤（剑术）　崔景辉　于宏举（棍术）

解乒乒　张继东（枪术）　李朝旭　黄建刚（南拳）

魏丹彤（南刀）　　　　　黄建刚　李朝旭（南棍）

李　强　周　斌（太极拳）吴雅楠　吕福祥（太极剑）

**编委**（以姓氏笔画为序）

于宏举　马　群　王二平　王世龙　王　怡
王晓娜　王　菊　方　坚　田　勇　冉千鑫
代流通　冯宏芳　冯静坤　匡　芬　吕福祥
刘志华　刘思伊　刘海波　孙新锋　李有华
李英奎　李艳君　李淑红　李朝旭　李　强
杨战旗　吴杰龙　吴贤举　吴雅楠　何　强
沈剑英　宋　林　张继东　陈　冲　陈恩堂
陈燕萍　范燕美　金肖冰　周　斌　房莹莹
赵　勇　袁新东　徐卫伟　徐翔鸿　黄建刚
曹　政　崔景辉　梁国德　童　昊　虞泽民
解乒乓　樊　义　魏丹彤

**动作示范**（以姓氏笔画为序）

王子文　巨文馨　吕泰东　刘忠鑫　汤　露
孙培原　杜洪杰　李剑鸣　杨顺洪　张雅玲
张　黎　陈洲理　查苏生　姚　洋　常志昭
梁永达　童　心

# 为武术更加灿烂的明天

## ——总结经典 传承经典 创造经典

陈恩堂

  竞技武术套路动作库从立项到推出，历时3年有余，历经艰辛探究，今日终于得以付梓，令人欣喜万分。我谨代表国家体育总局武术运动管理中心、武术研究院、中国武术协会，对竞技武术套路动作库出版成书表示热烈的祝贺！

  中华武术源远流长，博大精深，是中华民族优秀传统文化的瑰宝。古往今来，在武术发展的历史长河中，产生了许多独具特色的拳种流派，涌现了许多身怀绝技的武林高手，流传着许多让人津津乐道的传奇故事。历代的武术先辈们给我们留下了丰厚的武术遗产。作为新时代的武术人，把这份丰厚的武术遗产继承好、发展好，是我们义不容辞的责任。

  把武术先辈们留下的丰厚武术遗产继承好、发展好，首先就是要对其进行系统地总结，在总结的基础上加以传承，在传承的过程中进行创新。竞技武术套路动作库，正是遵循这样的思路，总结经典，传承经典，创造经典。

  ——总结经典。竞技武术套路动作库，当前共收录具有源流和传统名称的武术经典动作1941式，分为长拳、刀术、棍术、剑术、枪术、南拳、南刀、南棍、太极拳、太极剑共10个子库，如字典汇编，毫分缕析，系统总结了长拳、南拳、太极拳三大拳种的经典动作，规范了技术方法，确定了技术标准，突出武术技击本质，展示武术攻防内涵。每一个经典动作都有源流出处，都具有传统名称，不仅符合人民群众对武术古往今来的认知，更是彰显了中华传统文化符号的经典魅力，充分体现了中华文化自信。

——传承经典。竞技武术套路动作库，通过总结经典，实现武术经典动作的标准化和规范化，本身就是对武术历史经典的传承。这些标准化、规范化的经典动作，既可供武术专业运动员在比赛中选用，让运动员的整套动作演练更具可比性，更加符合现代奥林匹克运动的特征，同时，也适合广大武术爱好者尤其是青少年朋友学习掌握，将专业和业余打通，普及和提高一体。通过竞技武术套路动作库，每一个武术习练者、爱好者都会成为武术经典的传承者，武术文化的传播者。

——创造经典。竞技武术套路动作库，不仅是在总结经典、传承经典，也在创造经典。人民群众有无限的创造力。人民群众在历史上创造了武术的经典，今后也必将继续创造武术新的经典。当前收录的1941个武术经典动作只是动作库的首期工程，今后每年都会更新，进行动态调整。创新动作经过中国武术协会审定通过后，将会成为竞技武术套路动作库的一部分，这充分体现了对中华优秀传统文化的创造性转化、创新性发展。

竞技武术套路动作库的推出，是武术运动科学化、标准化的又一重要标志，是武术运动发展史上具有里程碑意义的大事，凝结了全体武术人的智慧和汗水。在此，我谨以国家体育总局武术运动管理中心、武术研究院、中国武术协会的名义，向所有为竞技武术套路动作库付出不懈努力的武术前辈、专家、运动员、教练员、裁判员和工作人员们表示衷心的感谢！向所有关心支持武术事业改革发展的各界人士表示衷心的感谢！

国运兴则体育兴，国运兴则武术兴。在中华民族伟大复兴的新征程上，作为中华民族传统体育项目和优秀传统文化的代表，武术必将在体育强国、文化强国和健康中国建设中发挥着独特作用。竞技武术套路动作库，是武术发展的新的起点，为武术在更高水平的传承和繁荣开辟了新的道路，为武术进一步现代化、国际化奠定了重要基础，为武术走向奥林匹克大舞台迈出了坚实步伐。我们相信，以此作为新的起点，通过全体武术人的团结奋斗，武术的魅力将更加显现，武术的未来将更加美好！

2023年7月1日

（作者为国家体育总局武术运动管理中心主任、党委书记，国家体育总局武术研究院院长，中国武术协会主席）

# CONTENTS / 目录

# 6 刀法 / 119

# 1 步型

## 1.1 弓步

弓步001
传统术语：穿肠刀。
现代术语：跳步弓步上穿刀。
源流：少林拳竞赛套路（刀术）第一段第四式。
技法：穿。

动作过程：（1）左脚蹬地，右腿、左腿依次收膝腾空前跃；同时，右手
持刀自然后带；左掌向前推；目视左掌。
（2）上动不停，双脚先右后左依次落地成左弓步；同时，右
手持刀由下向上45°穿出，刀尖高与眼平；左掌附于右腕内
侧，掌心向下；目视刀尖。

动作要点：起跳轻灵；落步和穿刀同时完成，动作协调统一，穿刀动作弧
线运行；力达刀尖。

弓步002

传统术语：老猿探山。

现代术语：弓步反手扎刀。

源流：少林拳竞赛套路（刀术）第一段第十式。

技法：扎。

动作过程：（1）右脚向前上步，身体向左转体180°；右手持刀手臂外旋，经身体右侧由下向前撩出，右手屈臂收于左腰间，刀刃斜向上；左掌按附右前臂处；目视右前方。

（2）上动不停，右脚向前上步成右弓步；同时，右手持刀向前扎出，刀刃向上，刀尖高与眼平；左掌置于右前臂处，掌心向右；目视刀刃方向。

动作要点：弓步蹬腿拧腰与扎刀同时完成；转体迅速；扎刀力达刀尖。

弓步003

传统术语：黑虎拦路。

现代术语：弓步推刀。

源流：少林拳竞赛套路（刀术）第一段第十三式。

技法：推。

**动作过程：**左脚向左开步成左弓步；同时，右手持刀，左手虎口张开按压
于刀背，使刀刃经小腹向前推出，刀刃向前，刀尖向上，高与
眼平；目视前方。

**动作要点：**弓步、推刀同时完成，动作协调一致；力达刀刃。

弓步004

传统术语：定心刀。

现代术语：弓步扎刀。

源流：少林拳竞赛套路（刀术）第二段第二十二式。

技法：扎。

- - - - - - - - - - - - - - - - - - - - - - - - - - - - - - - - - - - - - - - - - -

**动作过程：**（1）左手贴身向右抢臂一周。随即，左脚蹬地，右腿屈膝提起，身体腾空左转180°；同时，右手持刀臂内旋，刀沿身体内侧做剪腕花一周，左掌按附于刀盘上方。

（2）上动不停，左脚、右脚依次落地屈膝蓄势；同时，右手持刀回拉至腹前，刀背贴于右上臂，刀尖向右；左掌置于右肩前，掌心向右；目视前方。

（3）上动不停，身体右转成右弓步；同时，右手持刀直臂前扎，刀尖与肩平；左掌变勾手向下、向后搂摆至体后侧；目视前方。

**动作要点：**弓步、扎刀同时完成；力达刀尖。

弓步005

传统术语：农夫劈柴。

现代术语：弓步劈刀。

源流：少林拳竞赛套路（刀术）第二段第二十四式。

技法：劈。

---

**动作过程：**左脚向后撤步，身体左转，左腿屈膝成左弓步；同时，双手
　　　　　　抱刀、云刀，随转体由上至下45°斜劈刀，刀刃斜向下；目视
　　　　　　刀身。

**动作要点：**转身快捷，劈刀迅猛；弓步、劈刀同时完成；力达刀刃。

弓步006

传统术语：麻姑献寿。

现代术语：弓步推刀（左）。

源流：少林拳竞赛套路（刀术）第二段第二十九式。

技法：挡、推。

- - - - - - - - - - - - - - - - - - - - - - - - - - - - - - - - - - - - -

**动作过程：**（1）右脚震步，左脚抬起向左开步；同时，右手持刀经左臂外侧向背后缠头；左掌立于胸前，向左斜上方推出，掌心向前。

（2）上动不停，上体顺势左转90°成左弓步；同时，右手外旋，手心向上，向斜前方推刀，刀刃向前，刀尖向右，刀身与肩平；左掌回收附于右腕内侧，掌心向下；目视刀身。

**动作要点：**震脚有力；弓步、推刀同时完成；力达刀刃。

弓步007

传统术语：仙童献茶。

现代术语：弓步推刀（右）。

源流：少林拳竞赛套路（刀术）第二段第三十式。

技法：挡、推。

动作过程：（1）身体右转，右腿提膝随转体向右落步；同时，右手持
刀，右臂塌腕内旋，刀尖向左由右肩外侧做裹脑；左臂随转体
向外打开。

（2）上动不停，上体右转，左膝蹬直成右弓步；同时，右手
持刀，左掌随附于右臂内侧，向右前方推出，刀刃向前，刀尖
向左，刀与肩平；目视刀身。

动作要点：裹脑刀贴背绕行动作连贯；推刀有力，力达刀刃。

弓步008

传统术语：拦腰斩。

现代术语：弓步前斩刀。

源流：少林拳竞赛套路（刀术）第四段第四十九式。

技法：斩。

动作过程：（1）左腿提膝，向左开步；同时，右手持刀经左臂外侧缠头，刀尖向下，刀背贴背；左掌收于胸前，再向左斜上方推出，掌心向前。

（2）上动不停，上体左转，右腿蹬直成左弓步；同时，右手持刀向左前方平斩，刀尖向前，刀与肩平；左手架于头上方亮掌，掌心向上；目视前方。

动作要点：弓步与斩刀同时完成；刀与肩平；斩刀力达刀刃。

弓步009

传统术语：鲁班架棚。

现代术语：弓步架刀。

源流：少林拳竞赛套路（刀术）第四段第五十一式。

技法：架。

**动作过程**：（1）右手持刀，刀刃向外，刀尖指向左后方，左掌附于
刀背。

（2）上动不停，身体右转180°；右手持刀向右下方扫出；左
臂随转体自然展开。

（3）上动不停，身体再向右转180°；右腿屈膝，左脚上步靠
于右脚内侧成并步；同时，右手持刀置于腹前，刀刃向前，刀
尖向左，左掌虎口钳于刀背中段。

（4）上动不停，双脚前后蹬分成左弓步；同时，双手持刀向
前上方推架，刀刃斜向上，刀尖
向下；目视刀背。

**动作要点**：弓步、架刀同时完成，迅速
有力，双手与肩同宽；力达
刀刃。

弓步010

传统术语：白蛇吐芯。

现代术语：弓步扎刀。

源流：少林拳竞赛套路（刀术）第二段第二十七式。

技法：扎。

动作过程：（1）右腿屈膝全蹲，左脚向左前下方铲出成左仆步；同时，
双手持刀置于右腰间，刀尖向左，刀刃向下；目视左前方。
（2）上动不停，重心前移，左腿屈膝成左弓步；同时，双手
持刀向前扎出，高与肩平；目视刀尖方向。

动作要点：弓步、扎刀同时完成；弓步扎刀与肩平；力达刀尖。

弓步011

传统术语：战将摧营。

现代术语：弓步扎刀。

源流：少林披身刀第二十五式。

技法：扎。

**动作过程：**（1）左脚向前上步，身体左转，右腿提起，脚面绷直，脚尖向下；同时，左臂贴身抡臂一周，右手持刀，前臂外旋经身体右侧由下向前撩刀至胸前，随即屈肘，双手抱刀上托，刀刃向上，刀尖向前；目视刀尖。

（2）右脚前落，屈膝成右弓步；同时，右手持刀臂外旋向前方刺出，刀刃向下；左掌向后推出；目视刀尖方向。

**动作要点：**弓步、扎刀同时完成，刀与肩平；扎刀迅速有力，力达刀尖。

弓步012

传统术语：猛虎抱头。

现代术语：弓步藏刀。

源流：少林披身刀第二式。

技法：缠、藏。

- - - - - - - - - - - - - - - - - - - - - - - - - - - - - -

**动作过程：**（1）左脚向左开步；同时，右手持刀臂内旋缠头；左手向左
划弧摆出。

（2）上动不停，左脚向左前方上步成左弓步；同时，右手持
刀，顺势向右经体前向左至左肋处，刀背贴于左肋，刀尖斜向
上；左手架于头上方亮掌；目视右前方。

**动作要点：**藏刀时上身向左后拧转；迅速快捷，协调统一。

弓步013

传统术语：燕子穿帘。

现代术语：弓步扎刀。

源流：少林披身刀第四式。

技法：扎。

**动作过程：** （1）左脚向左开步半蹲；左手向前抡臂盖掌。

（2）上动不停，右腿蹬直成左弓步；同时，右手持刀向前平扎，刀尖向前；左臂向身体左侧横推掌；目视刀尖方向。

**动作要点：** 上步轻灵，弓步、扎刀连贯合一；扎刀迅猛有力，力达刀尖。

弓步014

传统术语：东挡西杀。

现代术语：弓步劈刀。

源流：少林披身刀第五式。

技法：劈。

---

**动作过程：** 右脚向前上步屈膝成右弓步；同时，右手持刀经身体左侧由上
向右下方弧线劈出，刀刃斜向下，刀尖斜向上与头持平；左手
架于头上方亮掌，掌心向上；目视刀尖。

**动作要点：** 转身快捷，劈刀迅猛；力达刀刃。

弓步015

传统术语：单鞭击石。

现代术语：弓步劈刀。

源流：少林披身刀第九式。

技法：劈。

**动作过程：**（1）右手持刀收至身体后方，臂外旋，刀刃向后，刀尖向下；左掌向右下按掌；目视前方。

（2）上动不停，左脚向前上步屈膝成左弓步；同时，左掌向左横推掌，略高于左肩，掌心向左；右手持刀臂内旋，刀刃斜向下劈刀，刀尖斜向上；目视前方。

**动作要点：**上步、落步劈刀迅猛，协调统一；力达刀刃。

弓步016

传统术语：推涛破浪。

现代术语：弓步推刀。

源流：少林披身刀第十七式。

技法：挂、推。

- - - - - - - - - - - - - - - - - - - - - - - - - - - - - -

**动作过程：**（1）左脚、右脚依次上步，身体向右转体90°屈膝成马步；同时，右手持刀沿体前由上向下挂刀至身体左侧，刀尖向上，刀刃向左；左臂随转体摆动收至左腰处，左掌按于刀背中部；目视左方。

（2）身体右转，左脚上步屈膝成左弓步；同时，双手向左前方推刀，刀刃向前，刀尖向下；目视左前方。

**动作要点：**上步与推刀协调一致，双手与肩同宽；推刀有力，力达刀刃。

弓步017

传统术语：童子拜佛。

现代术语：弓步抹刀。

源流：少林披身刀第二十一式。

技法：抹。

动作过程：（1）左腿直立，右腿屈膝提起，成左独立步；同时，右手持
　　　　　刀臂外旋向左上撩刀，高于头部；左掌扶按于右腕内侧。
　　　　　（2）上动不停，右脚上步屈膝成右弓步；同时，右臂内旋，
　　　　　双手向右后抹刀，刀与肩平，刀刃向前，刀尖向左；左手置于
　　　　　右腕内侧；目视前方。

动作要点：动作连贯流畅，刀随身体转动抹出；力达刀刃。

弓步018

传统术语：白猿入洞。

现代术语：弓步扎刀。

源流：少林披身刀第二十五式。

技法：扎。

动作过程：（1）右脚向右前方上步，随即重心左移，右脚收至左脚前；同时，右手持刀经身体左侧由上向下劈刀后收至胸前，左掌扶按于右腕内侧；目视刀尖。

（2）上动不停，右脚向前上步屈膝成右弓步；同时，右手持刀向前扎出，刀尖向前；左掌向后插掌，掌指向后；目视刀尖。

动作要点：弓步、扎刀连贯一致；刀与双臂呈一直线；扎刀迅猛有力，力达刀尖。

弓步019

传统术语：撬山移石。

现代术语：弓步崩刀。

源流：国际竞赛套路（第一套）第一段第十五式。

技法：崩。

**动作过程：**（1）左脚向后插步，双腿微屈；右手持刀经左肩外侧缠头；左臂向左外侧平摆。

（2）右脚向右跨步屈膝成右弓步；同时，右手持刀经体前由下向上崩刀，刀刃向外，刀尖斜向左上方；左手收按于右臂内侧；目视左前方。

**动作要点：**弓步、崩刀同时完成，协调一致；崩刀刚劲沉稳，力达刀尖。

弓步020

传统术语：霸王开弓。

现代术语：弓步藏刀。

源流：国际竞赛套路（第一套）第三段第三十四式。

技法：格、藏。

动作过程：右脚向右跨步屈膝成右弓步；同时；右手持刀扣腕拉至体后藏
刀；左手向前立掌推出；目视前方。

动作要点：动作刚劲沉稳、支撑有力；推掌力达掌根。

弓步021

传统术语：指山磨转。

现代术语：弓步藏刀推掌。

源流：国际竞赛套路（第三套）第一段第六式。

技法：格、藏。

---

**动作过程：** （1）双腿微屈；右手持刀置于右腰间；左掌立于右胸前。

（2）双脚同时向左右两侧开步，身体右转，右腿屈膝成右弓
步；同时，右手持刀扣腕向身体右后藏刀；左手向右前方推
掌；目视左前方。

**动作要点：** 弓步、藏刀、推掌同时完成；推掌力达掌根。

弓步022

传统术语：罗汉担柴。

现代术语：弓步带刀。

源流：国际竞赛套路（第三套）第三段第四十二式。

技法：带。

动作过程：（1）左腿屈膝，右脚收回扣于左膝腘窝处；同时，右手持刀
做剪腕花后收于胸前；左手收于右前臂内侧；目视刀柄。

（2）身体右转前俯，右脚向右后方落步屈膝成右弓步；同
时，右手持刀内旋，刀柄由左后方带刀至右前方，右臂胸前屈
肘；左掌向左后方变勾手伸出；目视前方。

动作要点：带刀刀刃根部向前段移动，动作干净利落。

弓步023

传统名称：鹰扬追兔。

现代名称：弓步云扎刀。

源流：少林拳体系。

技法：云、扎。

**动作过程：** （1）左脚上提扣于右膝腘窝处；同时，右手持刀于头上云
刀，收至右胸前平举刀，刀尖向右，刀刃向上，右臂屈肘；
左臂向头上摆，下落收至右胸前，左掌置于右腕内侧；目视右
下方。

（2）左脚向左跨步屈膝成左弓步；同时，右手持刀向右扎
刀，刀尖向前，刀刃向下；左手向左后方平撑，掌心向后；目
视右前方。

**动作要点：** 头顶平圆云刀，力达刀背；扎刀臂与刀身呈一直线，力达
刀尖。

弓步024

传统名称：青龙摆尾。

现代名称：弓步反撩刀。

源流：少林拳体系。

技法：撩。

---

**动作过程：**（1）右手持刀于身体右后提至头上方，刀刃向后，刀尖向下；左掌向身体左后摆，掌心向后；目视前方。

（2）左脚向前上步屈膝成左弓步；同时，身体右转，右手持刀沿体前向后反撩刀，右臂伸直，刀刃向左上方；左掌向头左前上方架掌，掌心向左前上方；目视刀尖方向。

**动作要点：**后撩刀与步法紧密配合，协调一致；撩刀力达刀刃。

弓步025

传统名称：车马填门。

现代名称：裹脑弓步藏刀推掌。

源流：少林拳体系。

技法：裹、藏。

......................................................

**动作过程**：（1）右脚向后撤步支撑，身体右转180°，左脚随转体向左前
　　　　　　方上步；同时，右手持刀做裹脑，屈肘收于腹前，刀背向内，
　　　　　　刀刃向外；左臂向外平摆，收至右腋下，掌心向下。

　　　　　　（2）右腿蹬直，左腿屈膝成左弓步；同时，上体左转，右手
　　　　　　持刀后拉至体后藏刀；左手向左推掌；目视左掌。

**动作要点**：裹脑要贴背绕行；推掌力达掌根。

弓步026

传统名称：青龙探爪。

现代名称：弓步穿掌。

源流：少林披身刀第二十五式。

技法：压。

动作过程：（1）右手持刀贴于后背，向上举刀置于头顶上方；同时，左
掌向身体后侧撩掌，掌心向后。

（2）上动不停，左脚向前上步成马步；同时，右手持刀经头
上方向体前横刀下压，刀刃向前，刀尖向左；左掌收至腰间，
掌心向上。

（3）上动不停，右膝蹬直成左弓步；同时，左掌向前方穿
掌；目视前方。

动作要点：弓步与压刀协调一致；穿掌力达指尖。

弓步027

传统术语：抹山穿石。

现代术语：换跳步扎刀。

源流：国际竞赛套路（第一套）第三段第四十一式。

技法：扎。

---

**动作过程：**（1）右脚向右后方撤步成马步；同时，右手持刀向后抹刀，重心微右移。

（2）双脚蹬地起跳，身体空中左转180°，落地成右弓步；右手持刀臂内旋回收，经腹前向右前方扎出；左手立掌收至右臂内侧；目视右前方。

**动作要点：**换跳步与弓步扎刀连贯、快速；扎刀迅猛有力，力达刀尖。

弓步028

传统术语：凤翥虎鸣。

现代术语：弓步扎刀。

源流：国际竞赛套路（第一套）第二段第二十七式。

技法：扎。

动作过程：（1）上体右转，左脚向右腿后侧插步；右手持刀向斜后下方
截出，刀刃向后，刀尖斜向下；左手收至右胸前；目视刀尖。
（2）右腿提起，以左脚为轴，身体向左旋转360°；同时，右
手持刀于头顶云刀一周，左手扶于刀背。
（3）上动不停，右脚向前落步屈膝成右弓步；同时，右手持
刀向前扎出；左手向后插掌，指尖向后；目视前方。

动作要点：转身连贯协调；扎刀力达刀尖。

## 1.2 仆步

仆步001

传统术语：横扫千军。

现代术语：仆步扫刀。

源流：少林竞赛套路（刀术）第三段第三十一式。

技法：缠、扫。

**动作过程：**（1）左脚向左开步，身体左转；同时，右手持刀做缠头，刀
背置于右肩后；左手经右腋下向左外侧划弧。

（2）上动不停，身体重心下移，身体左转180°，左腿屈膝，
右脚向前方上步成右仆步；同时，右手持刀，手臂外旋，随转
体下沉向右下方扫刀，刀刃向前，刀尖向右前方；左掌按附于
右臂内侧；目视刀身。

**动作要点：**缠头扫刀与上步仆步动作要连贯协调，同时完成；力达刀刃。

仆步002

传统术语：骁将摸营。

现代术语：仆步藏刀。

源流：六合刀第五段第五十四式。

技法：藏、挡。

---

**动作过程：**右腿屈膝全蹲成左仆步；同时，右手握刀内旋扣腕拉至右后上
方藏刀，刀尖斜向下；左手沿左腿向左推掌至左下方；目视左
前方。

**动作要点：**仆步与藏刀同时完成；右腕扣紧，刀身斜向下。

仆步003

传统术语：败中回刀。

现代术语：仆步扫刀。

源流：少林披身刀第二十七式。

技法：扫。

**动作过程：**（1）右脚向后撤步；同时，右手持刀置于左胸前，刀尖向左
下方，刀刃向外；左手勾手置于身体左后方，勾尖向上。

（2）重心前移，左脚向后上撩踢落于右脚前，随即右脚抬
起，脚掌向身后撩踢后向体前上步。

（3）左脚向体前上步，脚尖内扣，屈膝全蹲，身体右转成右
仆步；同时，右手持刀向右下方横扫至右腿上方，刀刃向后；
左手摆至左上方亮掌，掌心向前；目视右方。

**动作要点：**步法与转体动作要协调；扫刀清晰敏捷，力达刀刃。

仆步004

传统术语：金鸡仆腿。

现代术语：仆步下截刀。

源流：国际竞赛套路（第一套）第四段第五十三式。

技法：截。

**动作过程：**（1）左脚向右脚后方插步；右手持刀向右平扫，刀刃向后；左臂向左伸直打开。

（2）身体右转，左腿屈膝全蹲成右仆步；同时，右手持刀臂外旋，经背部裹脑，随即刀刃向外经体前向右下方截刀，刀刃向后；左臂伸直于身体左上方，掌心向外；目视刀尖方向。

**动作要点：**裹脑刀要贴肩背绕行；下截力达刀刃前部。

仆步005

传统术语：驷马探路。

现代术语：仆步藏刀。

源流：国际竞赛套路（第三套）第四段第四十八式。

技法：藏、扎、挡、架。

**动作过程：**（1）右脚向右前方上步，左腿弯曲，左脚扣于右膝腘窝处；同时，右手向右上方扎刀；左手置于右肘处。

（2）右腿屈膝全蹲，左腿向左前方平铺成左仆步；同时，右手持刀内旋扣腕在右斜上方架刀，刀尖斜向下；左臂内旋向左后方摆掌，掌心向上；目视左前方。

**动作要点：**仆步、藏刀动作同时完成；上体略左拧前俯，右腕扣紧；刀身斜向下。

仆步006

传统名称：回马斩将。

现代名称：扎刀仆步斩刀。

源流：国际竞赛套路（第一套）第四段第五十三式。

技法：扎、斩。

动作过程：（1）左脚向左开步；同时，身体左转，右手提刀向体前扎
出；左手由右肩内侧向左后方插掌；目视刀尖。
（2）身体右转，左腿屈膝全蹲成右仆步；同时，右手持刀经
体前向右下方斩刀；左手向后插掌；目视刀尖方向。

动作要点：刀尖向前直刺，力达刀尖；斩刀力达刀刃。

仆步007

传统名称：掩手挑帘。

现代名称：仆步崩刀。

源流：少林拳体系。

技法：崩。

**动作过程：** 右手持刀置于胸前，刀刃向左，刀尖向上；左手置于右腕内侧。随即左腿屈膝全蹲成右仆步；同时，右手持刀由下至上立圆崩出；左手向身体左后方撩掌，掌心向上。

**动作要点：** 沉腕，刀尖向前上方弹击；仆步、崩刀同时完成；力达刀尖。

仆步008

传统术语：随风摆柳。

现代术语：仆步带刀。

源流：少林拳体系。

技法：带、挡。

动作过程：（1）右手持刀，刀刃向上，刀尖向前；左手置于右腕内侧。

（2）右脚向身体右侧开步成右弓步；同时，右手持刀经体前向右扫刀；左手向身体左侧推掌，掌心向后。

（3）上动不停，重心左移，左腿屈膝全蹲成右仆步；右手持刀向左带刀收至胸前，刀刃向上；左掌收附于右腕内侧；目视刀尖方向。

动作要点：扫刀、后带动作连贯；仆步时，上身稍向右斜。

仆步009

传统术语：金瓶倒水。

现代术语：仆步下砍。

源流：查拳体系。

技法：砍。

---

**动作过程：**（1）左脚向左开步，身体微左转；同时，右手持刀臂内旋扣
腕，刀尖向左上方挂刀；左手上提至右肩内侧。

（2）上动不停，左腿屈膝全蹲成右仆步；右手持刀臂外旋由
上向下砍刀；同时，左手架于头上方亮掌；目视刀身。

**动作要点：**仆步、砍刀同时完成，动作快速稳健，动静分明；砍刀力达
刀刃。

仆步010

传统术语：黄莺落架。

现代术语：仆步按刀。

源流：形意六合刀。

技法：按。

动作过程：（1）左脚向右前方上步，上体顺势右转180°；同时，右手持
刀向左肩外裹脑，左掌屈肘附于右腕处。

（2）上动不停，左脚蹬地腾空，身体向右转180°，右脚、左
脚依次落地，右腿屈膝全蹲，左脚向左前方落步成左仆步；同
时，右手持刀，左手附于刀背中段向下按刀，刀刃向下；目向
左平视。

动作要点：上身略向左前方探倾；按刀力达刀刃。

仆步011

传统术语：龙跳虎卧。

现代术语：翻身跳仆步藏刀。

源流：六合刀第六段第六十二式。

技法：劈、藏、挡。

**动作过程：**（1）左脚向前上步，身体右转，右腿屈膝上提，左脚蹬地身体腾空右转360°；同时，右手持刀，右臂外旋做剪腕花一周。

（2）右脚落地，右腿屈膝全蹲成左仆步；同时，右手握刀后藏，刀尖斜向下；左手向前推掌至左下方，掌心向前；目视左掌。

**动作要点：**仆步与藏刀动作同时完成；上体略向左拧前俯。

仆步012

传统术语：旁逸刃出。

现代术语：仆步藏刀。

源流：四门单片刀。

技法：藏、挡。

动作过程：（1）右脚向右前方上步，左小腿扣至右膝腘窝处；同时，右手持刀由腰间向右上方扎出；左手立掌附于右肩内侧。

（2）右腿屈膝全蹲成左仆步；同时，右手持刀屈肘扣腕藏刀，刀刃向上；左手于左腿内侧上方向左插掌，掌指向前；目视左掌。

动作要点：扎刀力点准确，力达刀尖；仆步、藏刀动作同时完成。

仆步013

传统术语：龙跧虎卧。

现代术语：仆步抱刀。

源流：六合刀第一段第四式。

技法：抱、缠。

**动作过程：** （1）左脚向左开步，右脚经左腿前向左上步，左脚经右腿后撤步；同时，身体旋转360°；右手持刀经左臂外侧缠头，刀尖向下，左掌立于右胸前。

（2）上动不停，右腿屈膝全蹲成左仆步；右手持刀向左扫刀至左腿上方成抱刀；左手屈肘按于右腕内侧；目视左前方。

**动作要点：** 仆步、抱刀同时完成。

## 1.3 虚步

虚步001

传统术语：暗藏杀机。

现代术语：裹脑虚步藏刀。

源流：少林竞赛套路（刀术）第一段第五式。

技法：裹、藏、格。

**动作过程：**（1）右脚向右开步，左脚向右前方上步，身体右转180°；同时，右手持刀与肩平随转体平扫；左臂伸直，随转体平摆；目视刀身。

（2）上动不停，身体继续右转180°，右脚向左后方撤步；同时，右手持刀经背部裹脑；左手收于右臂腋下。

（3）左腿提膝，随即前脚掌点地成左虚步；同时，右手持刀向后拉刀，刀尖向前下，刀刃向外；左手向右推掌，掌心向前；目视前方。

**动作要点：**右腿屈膝成水平，推掌力达掌根；动作上下协调，干净利落。

虚步002

传统术语：仙人指路。

现代术语：虚步抱刀推指。

源流：少林竞赛套路（刀术）第三段第四十四式。

技法：缠、扫。

**动作过程：**（1）左脚向右后撤步，身体左转180°；同时，右手持刀经左臂外侧缠头；左掌屈肘至右胸前再向外推出。

（2）上动不停，右脚上步，以右脚为轴身体左转180°，左脚收回并步；右手持刀向左平扫，左手接刀抱刀至左腰间。

（3）上动不停，右腿屈膝，左脚向前，前脚掌点地成左虚步；同时，右手成剑指向前推出；目视前方。

**动作要点：**步法连贯，转身灵活，抱刀动作顺畅，一气呵成。

虚步003
传统术语：雁落平沙。
现代术语：虚步挡刀。
源流：形意六合刀第二段。
技法：裹、撩、挡。

**动作过程：**（1）右手持刀平收至左腋下，向右平扫，经背部裹脑收至胸
前；同时，左臂屈肘，左掌平置于右肩上方，向左上方立圆绕
行，收至右胸前。

（2）右腿屈膝，左脚前脚掌向前点地成左虚步；同时，右手
持刀向右上方拉刀，刀尖斜向下；左掌后摆至身后变勾手，指
尖向上；目视左方。

**动作要点：**动作上下协调，干净利落。

虚步004

传统术语：流星赶月。

现代术语：虚步抹刀。

源流：少林拳体系。

技法：裹、抹。

**动作过程：** （1）并步站立，右手持刀平收至左腋下，向右平扫，经背部裹脑后收至胸前；同时，左手向左上方绕行一周后收至右胸前。

（2）上动不停，左腿屈膝，右脚前脚掌向前点地成右虚步；右手持刀向右下方抹刀；左手架于头上方亮掌；目视刀身。

**动作要点：** 动作上下协调，干净利落。

虚步005

传统术语：怀中抱月。

现代术语：虚步抱刀。

源流：六合刀第二段第十九式。

技法：抱、缠。

**动作过程：**（1）右手持刀经左臂外侧缠头；左掌由右胸前向左平摆。

（2）右腿屈膝，左脚前脚掌前点成左虚步；同时，右手持刀向左扫刀至左腿上方塌腕成抱刀；左手屈肘按于右腕内侧；目视左前方。

**动作要点：**动作上下协调，干净利落。

*虚步006*
传统术语：平起风雷。
现代术语：虚步推刀。
源流：查拳体系。
技法：推。

-------

**动作过程：**（1）右手持刀，左手按于刀身，双手向上推刀，收于胸前。
（2）右腿屈膝，左脚前脚掌前点成左虚步；同时，左手贴靠
刀背，双手向前平推，刀刃向前；上体随之前俯；目视前方。
**动作要点：**虚步、推刀同时完成；力达刀刃。

虚步007

传统术语：金虎出洞。

现代术语：虚步抱刀。

源流：查拳体系。

技法：抱、挡。

动作过程：（1）右掌向右前上方砍掌，掌心向上；同时，左手抱刀屈肘
收至腰间，刀尖向上，刀刃向外。

（2）重心右移，右腿屈膝，左脚前脚掌点地成左虚步；右手
抖腕亮掌架于头上方，掌心向上；目视左前方。

动作要点：抱刀刀身直立，动作干净利落。

## 1.4 马步

马步001

传统术语：鹞子翻身。

现代术语：翻身马步按刀。

源流：少林竞赛套路（刀术）第二段第三十二式。

技法：按。

**动作过程：** （1）双腿直立，右手持刀，左手立掌于右胸前。左脚向左开
步；同时，右手以腕为轴向右臂内侧做剪腕花一周，再沿右臂
外侧做剪腕花一周。

（2）上动不停，左脚向右前方上步后随即蹬跳，身体向右转
360°，落地成马步；同时，右手持刀，左手按于刀背，由上
至下按刀；目视前方。

**动作要点：** 腾空翻身上体后仰；按刀有力，力达刀刃。

马步002

传统术语：罗汉劈柴。

现代术语：马步劈刀。

源流：少林竞赛套路（刀术）第三段第四十二式。

技法：劈。

动作过程：（1）右脚向右前方上步，双手抱握刀由下向上撩刀一周至头
后方，刀尖向下。

（2）上动不停，左脚向前上步，右脚向前跟步；同时，双手
抱刀向左下方劈刀一周至头上方，再向右下方劈刀一周，收至
头后方，刀刃向上。

（3）上动不停，双腿屈膝成马步；同时，双手抱刀向右下方
劈刀至右膝内侧，刀尖斜向右上方；目视劈刀方向。

动作要点：提膝劈刀连贯一致，快速迅猛；落步、劈刀同时完成，力达
刀刃。

马步003

传统术语：挂印献牌。

现代术语：马步劈刀。

源流：六合刀第二段第三十二式。

技法：挂、劈。

动作过程： （1）右脚向右前方上步，身体向左转，左腿提膝于胸前；同时，右手持刀上举于右肩上方，扣腕，刀尖向下，随即经左小腿前向左上方挂刀；左臂屈肘，左手附于右臂内侧；目视左后方。

（2）身体左拧，左脚外摆落步，右脚向前上步内扣成马步；右手持刀，臂内旋向下劈刀，刀尖向上；左手架于头上方亮掌，掌心向上；目视右前方。

动作要点：动作连贯紧凑，协调一致；马步和劈刀同时完成，力达刀刃。

马步004

传统术语：叶里藏花。

现代术语：马步藏刀。

源流：国际竞赛套路（第一套）第一段第十一式。

技法：藏、扫。

- - - - - - - - - - - - - - - - - - - - - - - - - - - - - -

**动作过程**：并步站立，双脚开步屈膝成马步；同时，右手持刀，手臂内
旋，从右上方下带藏收于左腋下，刀尖斜向左后方；左手抖腕
亮掌架于头上方，掌心向上；目视右前方。

**动作要点**：藏刀、亮掌、马步要同时完成；动作干净利落，动静分明。

## 1.5 歇步

歇步001
传统术语：狸猫缩身。
现代术语：歇步撩刀。
源流：少林竞赛套路（刀术）第一段第十六式。
技法：撩。

---

**动作过程：**（1）双手持刀，以右腕为轴，刀身在身体左侧立圆撩刀一周后，于身体右侧立圆绕行一周，再在身体左侧立圆绕行一周。
（2）左腿提膝向后撤步，双腿交叉屈膝全蹲成右歇步；同时，右手持刀，左手虎口钳夹，掌指屈拢，握托刀背中段，刀贴身体左侧随转体由下向上立圆托撩；目视刀尖。

**动作要点：**撩刀花要与拧腰转体协调配合，撩刀、歇步同时完成。

歇步002

传统名称：入海刺蛟。

现代名称：歇步下刺刀。

源流：武当剑。

技法：刺。

---

**动作过程：**（1）左脚开步，身体左转；右手持刀置于腰间；左手向左推掌。

（2）双腿交叉屈膝全蹲成左歇步；同时，右手持刀臂内旋向前斜下直臂刺出，手心向外；左掌附于右胸前，掌指向上；目视刀尖。

**动作要点：**刺刀要猛，身体前探，刀尖向前直刺，臂与刀身成一直线；力达刀尖。

歇步003

传统术语：叶底采莲。

现代术语：歇步截刀。

源流：查拳体系。

技法：截。

- - - - - - - - - - - - - - - - - - - - - - - - - - - - - - - - - - -

**动作过程：**（1）右脚向右开步；右手持刀架于左肩上，刀尖向后；左手
置于右腕内侧。随即右手持刀向右平扫；左手向左平伸。

（2）上动不停，左脚向右后方插步，双腿交叉屈膝全蹲成右
歇步；同时，右手持刀经背部裹脑；左掌收至右肩侧。随即，
右手持刀向右下方截刀，刀刃向前，刀尖向左；左掌架于头上
方亮掌，掌心向上；目视刀身。

**动作要点：**动作连贯，截刀、歇步同时完成；力达刀刃。

歇步004

传统术语：插花盖顶。

现代术语：歇步按刀。

源流：少林拳体系。

技法：按。

**动作过程**：（1）左脚向左开步；同时，右手持刀于胸前向右平扫；左掌
于胸前向左平伸。

（2）上动不停，右脚向左后方插步，双腿交叉屈膝全蹲成左
歇步；同时，右手持刀经背部裹脑，左手附于刀背中段下按，
刀刃向下，刀尖向左；目视刀身。

**动作要点**：动作快速连贯；按刀、歇步同时完成；力达刀刃。

歇步005

传统术语：避影匿形。

现代术语：歇步藏刀。

源流：少林拳体系。

技法：藏。

......................................

**动作过程：** 左脚向右腿前盖步，双腿交叉屈膝全蹲成左歇步；同时，右手
持刀经背部裹脑落于左膝前，发力塌腕，刀尖向上挑，刀刃向
外；左手按于右腕内侧；目视左前方。

**动作要点：** 歇步、藏刀同时完成；动作轻灵、快速连贯；上体向左拧腰微
前俯。

## 1.6 坐盘

坐盘001

传统术语：古树盘根。

现代术语：坐盘拉抹刀。

源流：六合刀第四段第四十五式。

技法：抹。

------

**动作过程：** 右手持刀架于左肩上，左掌置于右腕内侧。右脚向左后方插步，身体右转360°，双腿交叉屈膝下坐成坐盘；同时，右手持刀经背部裹脑，经左肩向右下抹刀；左臂由下向上架于头上方亮掌，掌心向上；目视右下方。

**动作要点：** 转身裹脑与坐盘抹刀协调一致；上体向右拧腰微前俯。

坐盘002

传统术语：阳门摆刀。

现代术语：坐盘抱刀。

源流：国际竞赛套路（第三套）第三段第三十八式。

技法：缠、抱。

**动作过程：** （1）身体向左后方转体；同时，右手持刀经背部缠头；左掌
向左水平伸出；目视左前方。

（2）左脚尖向外蹍转，双腿交叉屈膝下坐成坐盘；同时，右
手持刀随转体向左横扫至左胸前，刀身平贴于左臂上方；左掌
顺势收于右腕下方；目视左前方。

**动作要点：** 坐盘、抱刀同时完成，动作协调一致；上体向左拧腰微前俯。

## 1.7 独立步

独立步001

传统术语：金鸡报晓。

现代术语：提膝托撩刀。

源流：少林竞赛套路（刀术）第一段第十四式。

技法：撩。

---

**动作过程：** （1）左脚向前上步；右手持刀，左手附于右手内侧，向右、
向左外侧立圆各撩刀一周；目视前方。
（2）上动不停，身体重心后移，右腿直立，左腿提膝成独立
步；同时，右手持刀下压至右腹前，左手虎口夹刀背向上托
撩，刀尖斜向上，高与眼平；目视刀尖。

**动作要点：** 撩刀时以腰带臂；刚柔相济，快速有力。

独立步002
传统术语：罗汉过江。
现代术语：提膝勾手背刀。
源流：少林竞赛套路（刀术）第四段第四十六式。
技法：撩。

**动作过程：** 右腿直立，左腿提膝成独立步；同时，右手持刀由左肩至右上
方撩刀，刀背贴于右肩背部；左掌上提向左伸出成勾手；目视
前方。
**动作要点：** 提膝、撩刀、勾手同时完成；动作稳固。

独立步003

传统术语：雏鹰展翅。

现代术语：抹刀裹脑提膝拉刀。

源流：六合刀第二段第十四式。

技法：抹、挡。

动作过程：右手持刀裹脑，重心微下移。右手持刀裹脑后顺势经胸前向
右上方抹、挡，刀尖向下；左手经腋下向左下方推掌，掌心向
后；同时，重心上移，右腿直立，左腿提膝成独立步。

动作要点：以腰带臂，刚柔相济，快速有力；提膝时上体向左拧腰微
前俯。

独立步004

传统术语：金鸡独立。

现代术语：旋风脚提膝藏刀。

源流：六合刀第五段第五十六式。

技法：挡、藏。

**动作过程：** 右手持刀上提至右上方，左掌屈肘于左胸前。重心下移，右脚蹬地起跳，身体左转360°做旋风脚后，左脚落地，右腿提膝成独立步；同时，右手持刀向左后平抡，随转体藏至左腋下，刀背向内；左手抖腕亮掌架于头上方，掌心向上；目视右前方。

**动作要点：** 旋风脚击拍响亮，身正、腿直；提膝藏刀落地要稳。

独立步005
传统术语：雄鸡摆尾。
现代术语：提膝藏刀。
源流：少林拳体系。
技法：裹、藏、格。

**动作过程：**右腿直立，左腿提膝成独立步；同时，右手持刀裹脑后向后拉
藏，刀尖向下；左掌由右胸前向左前方推掌；目视左掌。

**动作要点：**提膝、藏刀、推掌同时完成；迅捷稳定。

独立步006
传统术语：金鸡抖翎。
现代术语：提膝格刀。
源流：少林披身刀第六式。
技法：格。

动作过程：（1）右脚向后撤步，身体向右转体180°成高虚步；同时，右
　　　　　手持刀裹脑后将刀按于腹前；左手向外打开后收于右腕内侧；
　　　　　目视前方。
　　　　　（2）上动不停，重心上移，左腿直立，右腿提膝成独立步；
　　　　　同时，双手向两侧提起；目视前方。
动作要点：提膝、格刀同时完成；快速稳定。

独立步007

传统名称：魁星提斗。

现代名称：收腿提刀。

源流：武当剑。

技法：挡。

**动作过程：** 右腿直立，左腿提膝，左脚脚尖向外摆勾；同时，右手持刀反
手向上提拉挡至右肩上方，手心向外；左掌顺腰间穿掌于左腿
内侧，掌心向上，左臂屈肘；目视前方。

**动作要点：** 提膝和上肢动作同时完成；动作协调一致，快速稳定。

独立步008

传统名称：鸟尽弓藏。

现代名称：缠头提膝藏刀。

源流：六合刀第十五式。

技法：缠。

**动作过程：** （1）右手持刀臂内旋做缠头；左掌向左平伸；目视左前方。

（2）右腿直立，左腿提膝成独立步；同时，右手持刀经左膝
前弧形穿刀至身体左前抱刀，刀背向内；左臂屈肘，掌向内
摆，手心向下扶于右腕上侧，掌指向右；目视左方。

**动作要点：** 缠头刀紧凑连贯；力达刀背。

独立步009
传统名称：托碑献塔。
现代名称：提膝上推刀。
源流：少林缠头刀第十三式。
技法：推。

**动作过程：** 右臂屈肘持刀置于右肩上，刀刃向上，刀尖向左；左掌收于腰间，掌心向上，掌指向前。右腿直立，左腿提膝成独立步；同时，右手持刀向上举臂推刀；左手经体前置于右腋下亮掌，掌指向上；目视左方。

**动作要点：** 提膝、推刀同时完成；推刀刀刃向上发力迅速，力达刀刃。

独立步010

传统名称：朝天一炷香。

现代名称：提膝崩刀。

源流：少林缠头刀第三十五式。

技法：崩。

**动作过程：** 左腿直立，右腿提膝成独立步；同时，右手持刀做裹脑，随
即刀经体前由下向右前崩刀，刀尖向上；左手屈肘护于右上臂
内侧。

**动作要点：** 崩刀时要塌腕；崩刀力达刀尖。

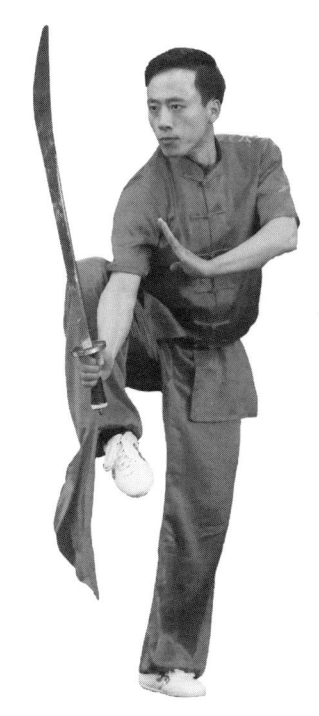

独立步011

传统名称：白猿偷桃。

现代名称：提膝斩刀。

源流：少林披身刀第二十三式。

技法：斩。

**动作过程：**左脚上步，右腿提膝成独立步；同时，右手持刀由右向前斩
刀，刀与肩平，刀尖向前，刀刃向左；左掌由左收至右臂内
侧，掌指向上；目视前方。

**动作要点：**斩刀迅猛，动作协调一致；力达刀刃。

独立步012

传统术语：策马抹轴。

现代术语：提膝抹刀。

源流：少林拳体系。

技法：抹。

**动作过程：**（1）左脚向左开步；右手持刀臂内旋经左肩外侧下落，刀尖向后；左掌随右臂下落，手心向下；目视左方。

（2）右腿提膝成独立步，脚面绷直；上体右转前俯；右手持刀向右抹刀；左掌随转体向左平摆；目视前方。

**动作要点：**提膝与抹刀协调一致；抹刀快速稳健；身体微前俯。

独立步013

传统术语：沐猴护冠。

现代术语：提膝缠头。

源流：查拳体系。

技法：缠。

**动作过程：**（1）左脚向前上步；右手持刀向左扫刀，经左肩贴背向右裹脑；左掌屈肘收于右肩内侧向左平摆。

（2）右腿提膝成独立步；右手持刀从背后向左肋处绕环平扫；左掌从左侧上举至头顶上方亮掌；目视前方。

**动作要点：**左膝挺直，提膝独立要稳定。

独立步014

传统术语：乌龙倒卷。

现代术语：转身挂劈。

源流：少林拳体系。

技法：挂、劈。

**动作过程**：（1）左脚向左开步，身体左转90°，右脚向前上步；同时，右手持刀随转体贴身弧形经体前挂刀一周；左手经体前抡臂一周，收至胸前。

（2）上动不停，右脚落地腿伸直，左腿提膝成独立步；右手持刀从上向右下劈，刀刃斜向下，刀尖稍向上翘，上体略向右倾；左掌随之上举至头顶亮掌；目视刀尖。

**动作要点**：挂刀、劈刀动作连贯；提膝独立要稳定。

## 1.8 丁步

丁步001

传统术语：缩身断蛇。

现代术语：丁步截刀。

源流：少林披身刀第十九式。

技法：截。

........................................................................

**动作过程：** 左脚向左后方撤步，重心左移，左腿屈膝，右脚收至左脚内
侧成丁步；同时，右手持刀经背部裹脑下截至右小腿外侧，刀
刃向右，刀尖向前；左掌经右腋下摆至头左上方架起；掌心向
外；目视右下方。

**动作要点：** 截刀丁步同时完成，上下协调一致，连贯紧凑；截刀力达
刀刃。

丁步002

传统名称：腋里藏花。

现代名称：缠头丁步藏刀。

源流：六合刀第八式。

技法：缠。

**动作过程：** 左脚向左开步，重心左移，左腿屈膝，右脚收至左脚内侧成丁
步；同时，右手持刀臂内旋做缠头刀，向左肋处划弧平斩藏于
身后，刀背贴于左肋，刀尖斜向上；左臂由下向左上方抖腕架
掌，掌心向上；目视右前方。

**动作要点：** 藏刀与丁步同时完成；上体正直；缠头刀连贯迅捷。

丁步003

传统名称：海底捞月。

现代名称：丁步勾手穿刀。

源流：少林缠头刀第五式。

技法：穿。

- - - - - - - - - - - - - - - - - - - - - - - - - - - - - - -

**动作过程：** （1）并步站立；右手持刀撩至背后，刀背贴背，刀刃向后；
左手上提至右腋下。

（2）双腿屈膝，左脚收至右脚内侧成丁步；右手持刀臂外旋
沿右臂外侧做剪腕花一周至右上方，随即臂内旋由右前方向下
经体前左侧穿刀，刀尖向左后方；左手向身体左后划弧变勾
手，勾尖向上；目视前方。

**动作要点：** 穿刀丁步同时完成，身体微前俯；穿刀轻灵快速，力达刀尖。

## 1.9 蹲步

蹲步001

传统术语：拨草寻蛇。

现代术语：蹲步下格刀。

源流：少林竞赛套路（刀术）第二段第二十一式。

技法：斩、云、格。

**动作过程：** （1）右脚向后撤步，身体左转；同时，双手抱刀、云刀，随即右手持刀、左手托刀背使刀置于身体左下方，刀尖向左后下方，刀刃向右。

（2）上动不停，以右脚为轴，身体右转180°，左脚随转体向右前方上步，落于右脚旁成蹲步；同时，右手持刀，左手托刀，使刀刃随转体沿左腿外侧向左前方推格刀，刀尖向左下方；刀刃向外。

**动作要点：** 云刀转身迅速，格刀以腰带刀；震脚短促有力，上下协调一致。

## 1.10 并步

并步001

传统术语：破阵斩首。

现代术语：并步斩刀。

源流：国际竞赛套路（第一套）第一段第十二式。

技法：斩。

**动作过程**：（1）左脚向右脚后侧插步；右手持刀向右平扫。

（2）上体左转，右脚向右开步；右手持刀经背部裹脑；左手屈肘收至右胸前。

（3）左脚向右脚并步；上体右转，右手持刀经体前向右平斩，刀尖向前；左手向上架掌于头上方；目视右前方。

**动作要点**：斩刀、并步协调一致；斩刀力达刀刃。

并步002

传统术语：天将守门。

现代术语：剪腕花并步扎刀。

源流：国际竞赛套路（第一套）第四段第五十式。

技法：扎。

**动作过程：** （1）右脚向前上步；右手持刀，刀身向后摆；左手立掌
前推。

（2）右脚蹬地，左右脚依次向前跳步后落地，双腿屈蹲成马步；
同时，右手持刀沿右臂内侧做剪腕花一周，屈肘抱刀于胸前，刀
尖向右，刀刃向上；左手收回附于右腕内侧。

（3）左脚向右脚并步；右手持刀向右扎刀；左手向左斜上方
插掌；目视右前方。

**动作要点：** 剪腕花要贴身呈立圆绕行，步法轻灵；扎刀力达刀尖。

并步003

传统术语：黄蜂入洞。

现代术语：转身并步斜扎。

源流：国际竞赛套路（第三套）第四段第四十七式。

技法：扎。

动作过程：（1）左脚向左前方上步；左掌前推；目视左前方。

（2）右脚向左前方上步，左脚向后撤步，身体左转180°；同时，右手持刀经身体右侧绕至右上方后，向前、向下做剪腕花一周收于右腰间，随即向右前扎出，刀扎出时左臂向左打开；目视刀尖。

（3）右脚经左腿前向右斜前方上步，左脚收至右脚内侧成并步；同时，右手持刀经腰间向右斜上方扎出；左手立掌附于右肩内侧；目视刀尖。

动作要点：上步、撤步、转身、剪腕花连贯流畅；扎刀与步法协调一致，力达刀尖。

并步004

传统术语：迎面一锤。

现代术语：抱刀冲拳。

源流：少林竞赛套路（刀术）第一段第三式。

技法：抱、挡。

**动作过程：** （1）左脚向左开步；同时，左手于胸前抱刀平摆，刀刃向
上，刀尖向后；右手抱拳于腰间。

（2）上动不停，右脚上步震脚成并步；同时，右拳向前冲
出，高与肩平；左手抱刀收于左腰间，刀尖向斜后上方；目视
右拳。

**动作要点：** 动作连贯；力达拳面。

## 1.11 点步

点步001

传统术语：顺水推舟。

现代术语：前点步推刀。

源流：国际竞赛套路（第一套）第三段第二十九式。

技法：推。

**动作过程：**（1）右脚向右跨步，上体右转；右手持刀，向右平扫；左手向左伸直摆开后收于胸前。

（2）上体左转，重心移至右腿，左脚向右脚前方上步，脚尖点地成前点步；右手持刀，直臂向右推出；左手向左后方横掌推出，掌指向前；目视右前方。

**动作要点：**脚尖前点、推刀同时完成；推刀力达刀刃。

## 1.12 跪步

跪步001

传统术语：观音坐莲。

现代术语：跪步推刀。

源流：国际竞赛套路（第三套）第四段第四十五式。

技法：推。

---

**动作过程：** 左脚向左开步，身体左转，左腿屈膝，右脚跟提起，右腿屈膝
成跪步；右手持刀向左前方平推，刀刃向前；左手附于刀背；
目视前方。

**动作要点：** 右膝蝶跪不触地；跪步与平推连贯一致；前俯推刀，力达
刀刃。

跪步002
传统名称：风扫残云。
现代名称：裹脑扫刀跪步。
源流：少林拳体系。
技法：裹、扫。

---

**动作过程：** 右脚向右开步，以右脚为轴，左脚抬起随身体向右转体360°
后落步屈膝成跪步；同时，右手持刀随转体向右后平扫随即
裹脑，再由体前继续向右肩后平圆斩扫；左掌随跪步按于地
面上。

**动作要点：** 裹脑刀刀尖下垂，力达刀背；刀平扫，力达刀刃。

## 1.13 插步

插步001

传统术语：迎风摘柳。

现代术语：插步分手扎刀。

源流：雁尾单折刀第三十五式。

技法：扎。

---

**动作过程：**左脚向左跨步，身体重心下移，左腿屈膝，右脚提起向左脚斜
后方插步；右手持刀，身体左拧，从右侧腰间向左下方扎出，
刀尖斜向左下；左掌向右砍掌，随即向身后插掌，掌指向后；
目视刀尖。

**动作要点：**扎刀、插步同时完成；扎刀快速有力，力达刀尖。

插步002

传统名称：孤虎斜阳。

现代名称：插步架刀推掌。

源流：六合刀第三段第三十九式。

技法：撩、架。

**动作过程：**右脚向右开步，落步成插步；右手持刀经左侧由下反撩，身体
右转，刀身上架于头上方，刀刃向上，刀尖向前；左手由腰间
向前立掌推出，高与肩平；目视前方。

**动作要点：**架刀、推掌协调一致；推掌快速有力，力达掌根。

插步003
传统名称：急兔反噬。
现代名称：插步反撩刀。
源流：形意六合刀。
技法：撩。

**动作过程：**（1）右手持刀，右臂屈肘，刀刃向上，刀尖向右；左掌置于右腕内侧，掌心向外。

（2）左腿屈膝支撑，右脚向左脚斜后方插步；同时，右手持刀，刀身向左经体前由下向右侧斜上方反手撩刀，刀尖向右斜上方；左手向左侧后下方摆出，掌心向上；目视刀尖方向。

**动作要点：**撩刀、插步同时完成；眼随刀走，反撩刀快速有力，力达刀刃。

插步004

传统术语：退刀留招。

现代术语：倒插步裹脑刀。

源流：少林竞赛套路（刀术）第二段第二十五式。

技法：裹、挡。

**动作过程：**（1）右脚向右开步，身体右转，左脚向右脚后插步；同时，右手持刀贴背裹脑；左臂随扫刀向右打开平摆。

（2）上动不停，右脚向右后撤步，左脚向右脚后插步；右手持刀向后裹脑，刀尖向下；左掌收回置于右胸前，掌心向右，掌指向上。

（3）上动不停，右手持刀向后平扫；左掌由右胸前向左侧推摆，掌心向左，掌指向上；目视左掌。

**动作要点：**撤步轻灵；裹脑刀、撤步、左臂摆动配合协调一致。

插步005

传统术语：车轮刀。

现代术语：撤步劈拉。

源流：六合刀第三段第三十六式。

技法：劈、压。

--------------------------------------------------------

**动作过程：**右手持刀臂外旋，刀架于头上，刀刃向上，刀尖向后。左脚向
左后撤步，右脚抬起落至左脚旁成并步；同时，右手持刀经体
前由上向下劈拉；左掌附于右腕内侧。重复三次；目视左方。

**动作要点：**劈刀与撤步协调连贯；下劈时要贴身有力，力达刀刃。

插步006

传统术语：斗折蛇行。

现代术语：插步绞刀。

源流：国际竞赛套路（第一套）第四段第四十四式。

技法：绞。

动作过程：（1）身体略右转，同时左脚向左开步，重心下移；右手持
刀，左手按于刀内侧。
（2）上体略左转，右脚抬起向左脚后插步，左脚抬起向右脚
后撤步；同时，右手持刀，左掌按于刀背经身体左侧绞刀一周
至右下方；目视刀身。

动作要点：插步与绞刀同时完成，上下协调一致。

# 2 步法

## 2.1 跟步

跟步001

传统术语：狸猫上树。

现代术语：跟步撩刀。

源流：六合刀第二段第十六式。

技法：撩。

---

**动作过程：**身体向右转90°，左掌立于右手侧，双腿弯曲，重心下移。
左脚向前上步，右脚向前跟步；同时右手持刀由后向上撩出一
周，右臂外旋收于左腰侧；同时，左手放于右手内侧；目视
前方。

**动作要点：**跟步轻灵快捷，上下协调一致；撩刀力达刀刃。

## 2.2 击步

击步001

传统术语：关公撩袍。

现代术语：击步撩刀。

源流：六合刀第二段第二十六式。

技法：撩。

**动作过程：** 身体右转90°，左掌立于右手侧。双腿屈膝，重心下移，左脚
向前上步，右脚跟步，随即击碰左脚跟；同时，右手持刀由下
向上撩出收于左腰侧；左手置于右手内侧；目视前方。

**动作要点：** 撩刀与步法紧密配合；撩刀快捷迅猛，力达刀刃。

## 2.3 跳纵步

跳纵步001

传统术语：回马扫敌。

现代术语：纵步下截刀。

源流：国际竞赛套路（第一套）第二段第二十三式。

技法：截。

**动作过程：**（1）左脚向右前方上步；右手持刀拉至左腋下，刀身放平，刀尖向后；左手收于右肩处；目视左前方。

（2）身体右转；右手持刀向右平扫；左臂伸直，向左分开；目视右前方。

（3）身体向右后侧转动，右脚随之向右前方上步；右手持刀向后裹脑，刀尖斜向下；左手随转体收至右胸前。

（4）上体右转，右腿屈膝前提，左脚蹬地

起跳，左腿伸直；右手持刀向斜下方经右腿外侧截刀，刀刃向后，刀尖斜向下，臂与刀呈一直线；左掌屈肘收至右胸前；目视刀尖。

**动作要点：**上步转身、纵步截刀要连贯协调；截刀力达刀刃前部。

跳纵步002

传统术语：鹰击虎步。

现代术语：跳叉步压刀。

源流：六合刀第四段第四十四式。

技法：压。

动作过程：右脚经左脚前向左跨步蹬跳，落地后左脚向左跨步，随即右
　　　　　脚向左腿后方落步成倒插步；同时，上体后仰，右手持刀劈
　　　　　拉，随着跳叉步由下向上再向下压刀置于腹前，刀尖斜向上，
　　　　　刀刃向下；左手随跳步由下向上抡臂，附于右腕处；目视刀尖
　　　　　方向。

动作要点：跳叉步与抡劈刀要协调一致；压刀力达刀刃。

跳纵步003

传统名称：鹞子钻林。

现代名称：跳步下扎刀。

源流：少林拳体系。

技法：扎。

**动作过程：** 右脚向右开步，重心下移，右脚蹬地，左腿屈膝上提，身体腾
空右转360°；同时，右手持刀、左手按于刀背中段随转体向
右落地扎刀；左手向左后方插掌，掌指向后；目视刀尖方向。

**动作要点：** 翻身跳、落地扎刀同时完成；刀尖向前直刺，力达刀尖。

## 2.4 行步

行步001
传统术语：迎风藏头。
现代术语：弧行步缠头刀。
源流：查拳体系。
技法：缠、挡。

动作过程：（1）左腿直立，右腿提膝；右手持刀拉于右肩后；左手向左
平摆。右脚落地，左脚、右脚依次向左前方弧行步上步；同
时，刀背沿左肩外侧缠头；左掌经胸前向左平摆；目视前方。
（2）上动不停，左脚、右脚依次向左前方上步；同时右手持
刀，刀背沿左肩外侧缠头；左掌经胸前弧形向左平摆；目视左
前方。

动作要点：扫刀平行，迅速有力，上下协调。

## 2.5 垫步

垫步001

传统术语：藏头护尾。

现代术语：垫步背刀。

源流：查拳体系。

技法：挡。

动作过程：（1）身体微右转；右手持刀随转体下落至体前；左掌收至右
肩前。

（2）右脚向前垫步蹬地起跳，右腿伸直，左腿提膝；右手持
刀经体前向上摆动，刀背贴靠右侧背部；左掌向左平摆，指尖
向上；目视前方。

动作要点：垫步与背刀协调一致。

# 3 腿法

## 3.1 直摆

直摆001
传统术语：力破天门。
现代术语：踢腿撩刀。
源流：少林竞赛套路（刀术）第二段第二十六式。
技法：撩。

**动作过程：** （1）右手持刀经身体右侧、左侧由上向下劈刀两周，肘微屈架于头上方，刀刃向上，刀尖向左；左掌附于右胸前，掌心向右，掌指向上；目视左方。

（2）上动不停，身体左转180°；右手持刀由右下向左前上方撩刀至额前，随即双手抱刀，立刀收至左胸侧，刀刃向后，刀尖向上；同时，右腿向右耳侧上踢。

**动作要点：** 抡劈、撩刀立圆；转体踢腿协调一致，动作衔接紧凑，快速有力。

直摆002

传统术语：掸尘拂面。

现代术语：单拍脚。

源流：国际竞赛套路（第一套）第一段第四式。

技法：抱、挑。

. . . . . . . . . . . . . . . . . . . . . . . . . . . . . . . . . . . . . . . . . . . . . . . . . . . . . . . . . . .

**动作过程：**（1）左脚向左开步，身体左转；左手抱刀落于左腿外侧；右
手握拳置于右腰间。

（2）上动不停，左手抱刀由下向上直臂抡摆至身体左前方；
右手经腹前向上直臂摆起；目视左前方。

（3）重心移至左脚，左腿伸直，右腿向上摆踢；右手击拍右
脚脚面；左手抱刀，下落至身体左侧。

**动作要点：**拍脚时右前臂紧张，右掌稍里扣；击拍响亮。

直摆003

传统术语：游龙斜出。

现代术语：斜拍脚扎刀。

源流：国际竞赛套路（第三套）第二段第十九式。

技法：扎。

动作过程：（1）左脚向右斜前方上步；同时，右手持刀置于右肩斜上
方，刀尖向后；左掌向左下方伸出。随即右脚向上摆踢，脚
高于肩；右手握刀向右斜下方劈砍；左手击拍右脚面；目视击
拍脚。

（2）右脚落于左脚内侧，双腿屈膝成并步；同时，右手持刀
经右腰间向前平扎；左掌向左后方伸出；目视刀尖。

动作要点：斜拍脚准确响亮；拍脚与劈砍动作上下一致；扎刀力达刀尖。

## 3.2 屈伸

屈伸001

传统术语：蝎子摆尾。

现代术语：缠腿单拍脚。

源流：少林竞赛套路（刀术）第一段第四式。

技法：抱、挡。

**动作过程：**（1）以左脚为轴，身体右转180°；右腿提起，右脚随转体向
后缠绞；同时，右拳收抱腰间。

（2）上动不停，右腿向前由屈到伸弹踢，脚面绷直高过肩；
同时，右拳变掌前插击拍右脚面。

**动作要点：**转体与缠腿协调一致，后缠腿动作路线要呈平圆；拍脚响亮。

屈伸002

传统术语：灵蛇出洞。

现代术语：弹腿插掌。

源流：少林竞赛套路（刀术）第一段第七式。

技法：剪腕花。

动作过程：原地站立。右手持刀，刀尖向下沿右腿外侧做剪腕花一周，持刀后拉；同时，左掌立掌前插；左腿屈膝，右腿向体前弹踢；目视前方。

动作要点：屈蹲与剪腕花、弹腿插掌上下协调一致完成，动作顺畅连贯；弹腿插掌有力，力达脚尖、指尖。

屈伸003

传统术语：雄鹰击兔。

现代术语：缠头箭踢。

源流：查拳体系。

技法：缠、扫。

**动作过程：** 右脚向前上步，右手持刀经左肩外侧向背后缠头，收至左肋处，刀刃向外。左掌至头顶上方亮掌；同时，左脚向前摆起，右脚蹬地腾空，右脚向前弹踢。

**动作要点：** 缠头和箭踢的动作协调进行；缠头要快速，箭踢要有力，膝部要伸直。

屈伸004

传统术语：望风披巾。

现代术语：侧身横踢。

源流：少林披身刀第十式。

技法：架、砍。

---

**动作过程：**（1）左脚向前上步，向左转体90°，左脚尖外展；同时，右手持刀向左架刀，刀刃向上，刀尖向前；左掌置于右腕内侧，掌心向外；目视前方。

（2）上动不停，右手持刀向右砍击，刀刃向后，刀尖斜向下；左掌向身体前方推掌，掌心向前，掌指斜向内；同时，左腿直立，右腿屈膝提起，向右横踹，高与胸平；目视右前方。

**动作要点：**动作顺畅连贯；横踢快猛有力。

屈伸005

传统术语：碎心腿。

现代术语：缠头踹腿。

源流：少林竞赛套路（刀术）第二段第二十八式。

技法：缠、挡。

**动作过程：** （1）身体右转，左脚向左侧开步；右手持刀经左臂外侧向背后缠头；左掌立掌置于右胸前。

（2）上动不停，右脚向前上步成并步，身体左转360°；同时，右手持刀向左平斩，刀尖向前，刀刃向右，抱刀于右胸前；左掌经胸前直臂向右平摆，按于右腕上；目视刀身。

（3）左脚随转体由屈到伸向左上方踹出；目视左脚。

**动作要点：** 上步转身和缠头刀同时进行，转身迅速；踹腿有力。

屈伸006

传统术语：老龙伸腰。

现代术语：蹬腿扎刀。

源流：少林竞赛套路（刀术）第三段第三十七式。

技法：扎。

**动作过程：** 左脚向前上步，左腿挺直支撑，右腿向后由屈到伸蹬击，力达脚跟；同时，双手抱刀前扎，刀尖向前，刀刃向下，身体与刀呈水平姿态；目视刀尖。

**动作要点：** 支撑稳健，动作迅捷；蹬腿、扎刀同时完成，力达刀尖。

屈伸007

传统术语：青龙出水。

现代术语：缠头蹬腿。

源流：查拳体系。

技法：挂、扫、挡。

**动作过程：**（1）左腿提膝；右手持刀由左膝下方向左抄起缠头；左掌屈
肘附于右前臂上；目视前下方。

（2）上动不停，左脚向左斜前方落步成左弓步；左掌向左平摆
后至头顶上方成亮掌；右手持刀将刀背贴靠左肋。

（3）重心前移，左腿支撑；右脚尖勾起，脚跟向前上方蹬
出；目视前方。

**动作要点：**缠头刀背绕裹脊背；蹬腿力达脚跟，连贯一致。

## 3.3 扫 转

扫转001
传统术语：就地生风。
现代术语：扫腿旋风脚提膝藏刀。
源流：六合刀第五段第五十五式、第五十六式。
技法：扫、藏。

**动作过程：**（1）左脚向左开步屈膝下蹲，重心
移至左腿，以左脚前脚掌为轴，右
腿平铺，脚内扣，向左扫转360°；
同时，右手持刀随身体旋转平扫。
（2）上动不停，起身左转；右手
持刀沿左肩贴背缠头；左掌屈肘于
胸前。随即右脚蹬地起跳做旋风
脚转体360°，左脚落地，右腿提
膝；同时，右手持刀向左平抡藏于
左腋下；左掌架于头上方；目视右
前方。

**动作要点：**扫腿与扫刀同时完成，上下协调
一致。

扫转002

传统术语：秋风扫地。

现代术语：前扫腿扫刀。

源流：国际竞赛套路（第三套）第二段第二十七式。

技法：扫。

**动作过程：** 身体右转，左脚向后撤步，重心移至左腿屈膝全蹲，右腿平
铺，脚尖内扣向左扫转360°；同时，右手持刀随身体旋转平
扫至左臂上方，刀尖向后；左掌附于右臂内侧；目视右前方。

**动作要点：** 扫腿与扫刀同时完成，上下协调一致。

# 4 平衡

## 屈蹲

*屈蹲001*
传统术语：铁拐捅炉。
现代术语：扣腿扎刀。
源流：国际竞赛套路（第三套）第一段第三式。
技法：扎。

动作过程：右手持刀，左脚向前上步同时撩左掌。随即右脚向左斜前方上
　　　　　步屈膝半蹲，左脚扣于右膝腘窝处；同时，右手持刀经腰间向
　　　　　右前方扎刀；左手伸摆至左上方；目视刀尖方向。
动作要点：扎刀迅猛有力，力达刀尖。

# 5 跳跃

## 5.1 直体

直体001

传统术语：蹿天猴。

现代术语：抱刀腾空二起脚。

源流：国际竞赛套路（第三套）第一段第十二式。

技法：抱、踢。

---

**动作过程：** 左手抱刀于左腰间；左脚、右脚、左脚、右脚依次向前上步，
右脚蹬地向上跃起腾空，左腿屈膝上提，右腿直摆上踢过肩；
同时，右臂摆至头前上方，右掌拍击右脚面，右脚、左脚依次
落地；目视前方。

**动作要点：** 空中击拍脚面响亮迅速。

直体002

传统术语：车轮翻。

现代术语：侧空翻。

源流：查拳体系。

技法：抱、摆。

**动作过程：**（1）左脚、右脚、左脚依次向前上步；同时，双臂随身体摆
动；目视前下方。

（2）上动不停，重心前移至左腿，左脚蹬地起跳，身体前
屈，随即右腿、左腿依次离地从后向上立圆摆起，在空中向左
做侧翻动作；同时，左手持刀收于腰间；右手摆动至身体右
侧；目视下方。

**动作要点：**空中双腿摆动快速，膝关节伸直，翻转要快，腾空轻灵飘逸。

直体003

传统术语：迎椎刺雕。

现代术语：腾空跳提膝扎刀。

源流：国际竞赛套路（第三套）第一段第十式。

技法：扎。

动作过程：双脚蹬地腾空跳起，右腿空中伸直悬垂，左腿屈膝上提收至腹
前，脚尖内扣，脚面绷直；同时，右手持刀向右前方平扎刀；
左掌至头顶上方架掌；目视前方。

动作要点：腾空提膝、扎刀与上架同时完成；力达刀尖。

## 5.2 垂转

垂转001

传统术语：拨云见日。

现代术语：腾空外摆藏刀。

源流：少林竞赛套路（刀术）第三段第四十四式。

技法：缠、扫、藏、摆。

**动作过程：**（1）右手持刀贴背缠头后打开；同时，左掌收至右胸前，随即向左平伸。右手持刀向左平扫至左肋处，刀刃向外；左臂上摆亮掌，掌心向上。

（2）上动不停，右脚蹬地腾空右转180°，左腿随转体上抬，右腿向上外摆腿至肩上方，左手击拍右脚面。

**动作要点：**缠头刀和腾空外摆腿连贯协调；击拍响亮。

垂转002

传统术语：转轮藏锋。

现代术语：缠头旋风脚马步藏刀。

源流：国际竞赛套路（第一套）第一段第十式、第十一式。

技法：缠、扫、藏、挂。

**动作过程：** （1）右脚向左前方上步；右手持刀经左臂外侧缠头。随即身
　　　　　　　体左转，左脚向右后方撤步；右手持刀经左臂外侧缠头。

　　　　　　　（2）上动不停，身体左转，右脚向左上步蹬地起跳，做腾空
　　　　　　　左转旋风脚360°；右手持刀，向左肋处扫刀。

　　　　　　　（3）双脚同时落地成马步；右手持刀藏于左腋下，刀尖斜向
　　　　　　　左后上方；左手头上方亮掌；目视右前方。

**动作要点：** 藏刀、亮掌、马步要同时完成。

垂转003

传统术语：鹰击鹊望。

现代术语：腾空跳左右扎刀。

源流：国际竞赛套路（第一套）第二段第二十四式。

技法：扎。

................................................

**动作过程：**（1）右脚、左脚依次向前上步，左脚蹬地起跳，右腿空中向前上方摆起，左腿屈膝上提；右手持刀经腰间向右上方扎出；左掌向左推出。

　　　　　　（2）上动不停，上体在空中左转；右手持刀回身经腰间向左扎出；同时，左手屈肘立掌收至右臂内侧；目视左前方。

**动作要点：**腾空上体保持正直；左右扎刀力达刀尖。

垂转004

传统术语：飞燕展头。

现代术语：转身跳扫刀。

源流：少林拳体系。

技法：扫。

---

**动作过程：**右脚向前上步蹬地起跳，左脚向前上方直摆。随即在空中向右
转体，上体前俯；右腿屈膝提起；同时，右手持刀向右扫刀；
左掌向左后伸出；目视前方。

**动作要点：**上步蹬地连贯快速，空中动作舒展大方；扫刀力达刀刃。

## 5.3 矢转

矢转001

传统术语：雄鹰寻食。

现代术语：旋子扫刀。

源流：国际竞赛套路（第一套）第三段第三十七式。

技法：扫、摆。

**动作过程：** （1）左右脚依次向前上步，身体微左转，随即左脚向前上步；同时，右手持刀经体前上提至左肩外侧；左掌收于胸前。

（2）上动不停，身体继续左转180°；左脚尖向外蹍转，右脚经左脚向前上步，脚尖内扣；同时，右手持刀随转身缠头至右肩后侧。

（3）上动不停，重心下降，右脚向后垫步跳，身体左转180°，左脚向后退一步。随即上体前俯向左后转体，左脚蹬地腾空起跳，右左腿依次向后上方摆起；同时，右手持刀在身体下方向左平扫一周；左掌摆向身体左侧；目视前下方。

**动作要点：** 空中抬头挺胸，动作舒展，双腿膝关节伸直；扫刀迅猛有力。

# 6 刀法

## 6.1 背花刀

背花刀001

传统术语：左右风轮。

现代术语：转身背花扎刀。

源流：国际竞赛套路（第三套）第一段第八式。

技法：剪腕花、扎。

**动作过程：**（1）身体右转，重心右移，右脚尖向右�转；同时，右手持刀在右后方做背花刀；左掌顺势收于右胸前；目视右下方。

（2）上体左转拧腰，左脚撤步；同时右手持刀收于腰间；左手附于右腕内侧；目视刀身。

（3）上动不停，身体左转360°，随即右脚扣在左膝腘窝处；同时，右手持刀在右上方做剪腕花，左掌由上向下、向左水平伸出；目视刀尖。

（4）身体继续左转，重心下沉，右脚向右落步；同时，右手持刀经腰间向左前方平扎刀；左掌向左斜后方水平伸出；目视刀尖方向。

**动作要点：**剪腕花时以腰带臂，以臂带刀，以腕为轴。

背花刀002

传统名称：风卷残云。

现代名称：背花跳步扫刀。

源流：少林拳体系。

技法：撩、扫。

**动作过程：** 右手持刀，上体右转，在右背后立圆绕行做背花一周。身体左转，刀随转体在左侧外做撩腕花，随即刀置于左腰间，左脚蹬地，身体在空中右转，刀随转体向右平扫，刀刃向外。

**动作要点：** 以腕为轴，刀在身前、背后贴身立圆绕环；力达刀身；刀刃向右平扫，力达刀刃。

## 6.2 缠头

缠头001

传统术语：飞蛾扑火。

现代术语：转身缠头刀。

源流：国际竞赛套路（第三套）第二段第十七式。

技法：缠。

动作过程：（1）左脚向左开步，随即身体左转360°，右脚经左腿前向左
侧上步，左脚向后撤步；同时，右手持刀连续2次缠头，平摆
至右后方；左掌伸向左后方；目视刀尖。

（2）身体继续左转，右脚倒插步；同时，右手持刀经胸前横
扫至身体左侧；左掌收于右腕内侧；目视左后方。

动作要点：上步、撤步、插步连贯紧凑；缠头刀左右手配合协调。

## 6.3 挂刀

挂刀001

传统术语：力劈华山。

现代术语：转身抢劈刀。

源流：六合刀第二段第三十一式。

技法：劈、挂。

**动作过程：**（1）左脚上步，身体向右转180°，右腿微前弓；右手持刀在身体左侧反手向前上提撩，再向右下方劈刀；同时，左手摆于身体左后方。

（2）上动不停，左腿提膝于胸前；右手持刀上举于右肩上方，扣腕，向左小腿前挂刀，刀刃向下，刀尖向上；左臂屈肘，左手附于右臂上；目视左方。

**动作要点：**转身上步灵活；挂刀力达刀背前段；劈刀力达刀刃。

挂刀002

传统术语：野马撩蹄。

现代术语：挂刀。

源流：国际竞赛套路（第一套）第二段第十六式。

技法：挂、撩。

**动作过程：** 上体向左后侧拧转，左腿屈膝提起向前上步，脚尖外摆；右手
持刀由下向上经左腿外侧挂刀，刀尖向左；左手附于右腕上；
目视左下方。

**动作要点：** 挂刀时刀尖由前向下屈肘扣腕，向后贴身挂出。

挂刀003

传统术语：老牛撩蹄。

现代术语：转身挂撩刀。

源流：国际竞赛套路（第三套）第三段第三十三式。

技法：挂、撩。

动作过程：（1）右脚上步，身体向左后方拧转180°，左脚抬起向后撤步；同时，右手持刀经头上方向下挂刀；左掌顺势打开后收于右肩内侧；目视刀身。

（2）右脚向前上步成右弓步；同时，右手持刀立圆绕行至身体后侧；左掌顺势向前伸出。上体左转，右手持刀经右腿外侧向右上方撩刀；左掌向后方伸出；目视前方。

动作要点：挂撩刀动作连贯协调、衔接流畅；挂刀力达刀背前段；撩刀力达刀刃前段。

挂刀004

传统名称：顺风驶船。

现代名称：踢腿上挂。

源流：六合刀第五段第五十二式。

技法：挂刀。

**动作过程：**（1）左脚向前上步，右腿向上踢起；右手持刀由下向上挂
刀；左手置于右肩内侧；目视踢腿方向。

（2）右脚向身后落地，身体向右转180°；右手持刀由上向后
扎出；左手随转体向左后上方平伸；目视刀尖。

**动作要点：**转身踢腿要协调一致，挂刀贴身立圆。

## 6.4 裹脑

裹脑001

传统术语：织女投梭。

现代术语：裹脑平抹刀。

源流：国际竞赛套路（第一套）第三段第四十式。

技法：裹、抹。

动作过程：右脚向后撤步；右手持刀经背部裹脑后向右平抹，刀刃向右，
刀尖向前；左手屈肘收于胸前。

动作要点：裹脑要贴背绕行；向右平抹要匀速。

## 6.5 劈刀

劈刀001
传统术语：回头望月。
现代术语：插步劈刀。
源流：少林竞赛套路（刀术）第二段第二十三式。
技法：劈。

---

**动作过程**：身体右转90°；左脚向右后插步；同时，右手持刀向右立刀劈
出，刀尖向上，刀刃向右；左掌向左、向上摆架于头前上方亮
掌；目视刀身。
**动作要点**：刀法、手法、步法协调一致；劈刀迅猛有力，力达刀刃。

劈刀002

传统术语：毒龙入洞。

现代术语：裹脑抢劈刀。

源流：六合刀第二段第三十一式。

技法：裹、劈。

**动作过程：** （1）右脚向右上步；同时，右手持刀平放在左臂下方；左手附于右手腕内侧。

（2）左脚、右脚依次向前上步，身体右转360°；同时，右手持刀向右裹脑至左肩外侧，左掌附于右胸前；目视刀身。

（3）上动不停，右腿屈膝提起收于腹前，上体前俯；同时，右手持刀随转身向右下方抢劈；左掌向左上方伸出；目视刀尖。

**动作要点：** 转身裹脑贴背缠绕；劈刀呈立圆，松肩伸臂，力达刀刃。

*劈刀003*

传统名称：右炮刀。

现代名称：架劈刀。

源流：五行刀第四段第十四式。

技法：架、劈。

**动作过程：**（1）身体向右微转，左脚微收成高虚步；双手握刀向上拉举
至右肩上方，使刀斜托举于身前，刀刃向上，刀尖斜下。

（2）右脚向前上步成半马步；同时，双手握刀，右臂外旋使
刀由面前向左、向上、向右下方斜劈。

**动作要点：**转身快捷；劈刀迅猛，力达刀刃。

劈刀004

传统名称：兔起鹘落。

现代名称：跳骑龙步劈刀。

源流：少林拳体系。

技法：劈。

**动作过程：**（1）左脚蹬地，右腿收膝上提，身体右转，左腿顺势向右后
上方屈膝摆腿；同时，右手持刀臂外旋向右上推刀，刀刃向
右，刀尖向后；左手置于右肩内侧；目视刀背。

（2）右脚、左脚依次落地成骑龙步；同时，右手持刀向斜下
方劈刀，刀尖向右斜上，刀刃向斜下方；左臂随劈刀左摆至左
侧斜后方；目视劈刀方向。

**动作要点：**整个动作要上下协调，干净利落；劈刀力达刀刃。

*劈刀005*
*传统名称：开柙出虎。*
*现代名称：提膝劈刀。*
*源流：五行刀。*
*技法：撩、劈。*

**动作过程：**（1）右脚上步；双手持刀扣腕，沿左臂外侧撩腕花至头上，
刀刃向上。
（2）上动不停，右腿支撑，左腿提膝；双手持刀由上向下劈
刀，刀刃向下；目视前方。
**动作要点：**撩刀要以腰为轴，提膝、劈刀动作连贯一致；动作稳固。

## 6.6 云刀

云刀001

传统术语：驷马仰秣。

现代术语：云刀仰身推刀。

源流：国际竞赛套路（第一套）第三段第三十八式。

技法：云、推。

- - - - - - - - - - - - - - - - - - - - - - - - - - - - - - - -

**动作过程：**（1）左脚向左开步，右脚向左上步，左脚随即向右撤步；上
体左转360°；同时，上体后仰，右手持刀，左手附于刀背，
以腕为轴，向左在头前上方云刀一周。

（2）左脚提起，贴于右膝后侧；双手持刀，经身体左侧向左
前方推出，刀刃向上；目视刀身。

**动作要点：**动作衔接要连贯；云刀呈平圆。

云刀002

传统术语：银蛇出洞。

现代术语：云刀跳换步扎刀。

源流：国际竞赛套路（第三套）第二段第三十二式。

技法：云、扎。

**动作过程：**（1）右脚向右开步，左腿屈膝前弓；同时，右手持刀在头右侧上方云刀，高与肩平；左掌向左上方伸出，掌心斜向上；目视刀尖。

（2）身体左转，左右脚一齐蹬地起跳换步落地成右弓步；同时，右手持刀经腰间向前平扎；左掌收于右肩内侧；目视前方。

**动作要点：**换跳步与弓步扎刀连贯、快速；扎刀迅猛有力，力达刀尖。

## 6.7 扎刀

扎刀001

传统术语：悬羊击鼓。

现代术语：云刀跳换步扎刀。

源流：国际竞赛套路（第三套）第二段第二十二式。

技法：云、扎。

动作过程：（1）身体重心移至右腿，左脚向后撤步，双腿交叉，屈膝；同时，右手持刀在头上方云刀后收至右后下方藏刀；左掌经腰后向下、向前撩出；目视左掌。

（2）左脚向前，右脚向后，快速跳换步；同时，右手持刀向前平扎；左掌向左后方水平伸出；目视前方。

动作要点：换跳步与弓步扎刀连贯、快速；扎刀迅猛有力，力达刀尖。

扎刀002

传统术语：分推双舟。

现代术语：分手扎刀。

源流：国际竞赛套路（第一套）第三段第三十五式。

技法：扎。

**动作过程：**左脚向右脚后侧撤步；右手持刀由上向下沿身体右侧立圆抡劈
一周。随即身体向左转动180°；右手持刀经胸前向右上方扎
出；左手屈肘向左上方伸出。

**动作要点：**扎刀力点要准确，快速有力；力达刀尖。

扎刀003

传统术语：腋下穿针。

现代术语：换跳步扎刀。

源流：国际竞赛套路（第一套）第三段第四十一式。

技法：扎。

动作过程：右脚向右开步成马步；右手持刀从左至右抹刀；左手立于右胸
　　　　　前。双脚蹬地，在空中向左转身180°，落地成右弓步；右手
　　　　　持刀经腹前向前扎出；左手向左摆动后屈肘收至右上臂内侧；
　　　　　目视右前方。

动作要点：扎刀力点准确，迅猛有力；力达刀尖。

扎刀004

传统名称：斜行横阵。

现代名称：扣腿仰身扎刀。

源流：四门单片刀。

技法：扎。

**动作过程**：右脚向前上步，左脚提起扣于右膝腘窝处；同时，右手持刀经
　　　　　　腰间向右斜上方扎出；左手摆至身体左后方；目视刀尖方向。

**动作要点**：扎刀迅猛有力，臂与刀身呈一直线；力达刀尖。

扎刀005

传统名称：翻身打虎。

现代名称：背花刀转身扎刀。

源流：少林拳体系。

技法：腕花刀、扎。

**动作过程：** （1）右脚向右开步；右手持刀做背花刀一周。

（2）身体左转，右脚上步扎刀；左手置于身体后侧。身体再左转，左脚上步扎刀；左手置于身体后侧。

（3）上动不停，身体左转180°，右脚上步；右手持刀经腰间向左前方扎刀；左掌向左后方水平伸出；目视刀尖方向。

**动作要点：** 腕花刀贴身立圆绕环，力达刀身；扎刀力达刀尖。

扎刀006

传统名称：野马穿林。

现代名称：垫步带扎刀。

源流：少林拳体系。

技法：扎。

**动作过程：**（1）左脚上步，右腿提膝向前跳垫步；同时，右手持刀于身
体右侧屈肘回拉；左手置于右腕内侧。

（2）上动不停，右脚向前落步；右手持刀回落于腰间后身体
左转向前方扎刀；左掌向后平伸。

**动作要点：**刀尖向前直刺，快捷有力，力达刀尖。

扎刀 007

传统名称：穿壁式。

现代名称：并步扎刀。

源流：五行刀第三段第十式。

技法：扎。

动作过程：（1）双手抱刀立于头顶右侧；双腿微屈。左脚上步，身体左转90°，双腿交叉；同时，右手持刀向右斜前下方压刀，刀刃向左；左掌附于右腕处；目视刀尖方向。

（2）右脚提起向前跟步，双腿屈膝成并步；同时，双手持刀向体前扎刀，手心相对；目视前方。

动作要点：扎刀迅猛有力，刀尖向前直刺，力达刀尖。

## 6.8 斩刀

斩刀001
传统术语：利刀削竹。
现代术语：腾空提膝斩刀。
源流：国际竞赛套路（第三套）第三段第三十六式。
技法：扫、裹、斩。

**动作过程：**（1）右脚向右开步，左脚向右前方上步，顺势转身360°；右手持刀拉至左肋旁，刀身放平，刀尖向后，向右平扫；左手屈肘按于右腕上，随后伸直向左分开；目视左前方。

（2）右脚向右前方上步；右手持刀做裹脑刀。

（3）左脚向前上步蹬地起跳，右腿提膝；同时，右手持刀向右后下方截刀，刀刃向后，刀尖斜向下；左手屈肘收至胸前；目视刀尖。

**动作要点：**截刀时刀、臂呈一直线，力达刀刃。

斩刀002

传统名称：避箭斩将。

现代名称：仰身斩刀。

源流：少林拳体系。

技法：斩。

**动作过程：** 双腿微屈，上体后仰；左手置于右手内侧，右手持刀于头上平
云一周，随即从身体右侧向前平斩，左手顺势置于右手臂上。

**动作要点：** 云刀呈平圆；斩刀迅猛有力，力达刀刃。

斩刀003

传统名称：饿虎扑食。

现代名称：斩刀前滚翻。

源流：少林拳体系。

技法：斩。

---

**动作过程：** 左脚、右脚依次向前上步；右手持刀裹脑转身360°。左脚再
向前上步蹬地做前滚翻；同时，刀由右向左划平圆斩出。

**动作要点：** 前滚翻灵活轻盈；斩刀力达刀刃。

斩刀004

传统名称：羚羊击鼓。

现代名称：仰身斩刀。

源流：形意六合刀。

技法：云、斩。

**动作过程：** （1）右脚向前上步，右手持刀，左手紧贴刀背向左在头上方平绕一周，刀刃向左，刀尖向前。

（2）上动不停，右小腿后摆；同时，右手持刀向下经身体左侧再向右绕环一周。

（3）上动不停，右脚向右前方落步，身体后仰；同时，右手持刀向右上方斩刀；左臂向左后方摆出；目视刀尖。

**动作要点：** 动作衔接连贯；云刀呈平圆；斩刀力达刀刃。

## 6.9 崩格刀

崩格刀001

传统术语：旋风跳。

现代术语：旋转格刀。

源流：国际竞赛套路（第一套）第三段第三十三式。

技法：格。

-------------------------------------------------

**动作过程：**（1）身体向左拧转，左脚向右脚前上步；右手持刀裹脑至身
体左前方，刀尖向下，刀刃向外；左手立于右胸前不落；目视
前方。

（2）右脚提起扣于左膝腘窝处，左腿伸直向右转体一周落成
右弓步；右手持刀向右格刀，刀尖向下；左掌向前推出，掌指
向上；目视左掌。

**动作要点：**旋转时上体保持正直。

崩格刀002

传统术语：夜郎挑灯。

现代术语：撩腕花跳崩刀。

源流：国际竞赛套路（第一套）第四段第四十八式。

技法：撩、崩。

**动作过程：** （1）左脚向前上步；右手持刀向前点刀；左手摆向肩后。右
脚顺势上步；右手持刀撩腕花一周。

（2）右脚蹬地起跳，右腿提膝；右手持刀向上崩刀，刀尖斜
向上；左手屈肘收至右上臂内侧；目视刀尖。

**动作要点：** 撩腕花贴身呈立圆；崩刀沉腕，刀尖向前上崩击，力达刀尖。

*崩格刀003*

*传统名称：童子避雨。*

*现代名称：进步右左格刀。*

*源流：少林竞赛套路（刀术）第三段第三十五式、第三十六式。*

*技法：格。*

**动作过程：**（1）身体右转90°，右脚向前上步；同时，右手持刀、左手侧推刀中段，刀刃向右格刀至体前；目视前方。

（2）上动不停，左脚向左前方上步成骑龙步；同时，双手持刀向左前外侧格刀；目视前方。

**动作要点：** 动作转换不可用力僵硬，收放自如；格刀有力，力达刀刃前段。

崩格刀004

传统名称：丹凤朝阳。

现代名称：半马步崩刀。

源流：四门单刀片。

技法：崩。

---

**动作过程**：右脚向右开步成半马步；同时，右手持刀向内塌腕崩刀，刀
　　　　　　尖向上，刀刃向右；左臂后拉屈肘扣腕，拳眼向内；目视右
　　　　　　前方。

**动作要点**：半马步、崩刀同时完成；动作刚劲沉稳。

崩格刀005

传统名称：挥鞭抽身。

现代名称：骑龙步格刀。

源流：少林拳体系。

技法：格。

**动作过程：** 左脚向左开步成骑龙步；右手持刀向内扣腕，使刀尖向下；左
手架掌于身体左上方。

**动作要点：** 整个动作一气呵成；格刀有力，力达刀背前端。

## 6.10 点刀

点刀001

传统术语：飞凤点头。

现代术语：剪腕花分手点刀。

源流：国际竞赛套路（第一套）第一段第九式。

技法：剪腕花、点。

**动作过程：**（1）左脚向后撤步；右手持刀向上挑刀；左手立掌收至右肩
内侧；目视刀尖。

（2）重心移至左腿；右手持刀向下经右臂内侧做剪腕花
一周。

（3）右脚提起后落地震脚，左脚随即向后退步；右手持刀向
前点刀；左手向左后侧伸出。

**动作要点：**点刀、震脚、分手要同时；点刀要提腕，力达刀尖。

点刀002

传统术语：蜻蜓点水。

现代术语：回身点刀。

源流：国际竞赛套路（第一套）第三段第三十六式。

技法：点。

**动作过程**：右脚向前上步，左腿屈膝后摆；右手持刀上举随身体右转向右
　　　　　　点刀；左手向右摆至右胸前立掌；目视右前方。

**动作要点**：点刀提腕；力达刀前端。

点刀003

传统术语：白马奔川。

现代术语：崩刀前点。

源流：国际竞赛套路（第一套）第四段第五十一式。

技法：崩、点。

动作过程：（1）左脚向后撤步，右脚提起收于左脚内侧成丁字步；右手持刀经右臂外侧立圆绕行一周，刀刃向上；左手屈肘收至右上臂内侧。

（2）右脚向前上步成右弓步；右手持刀向前点刀；左手向后直臂伸出；目视刀尖。

动作要点：弓步、点刀同时完成，收放自如；崩刀、点刀有力。

点刀004

传统名称：抽刀断水。

现代名称：盖步点刀。

源流：四门单片刀。

技法：点。

**动作过程：** 右脚向右前方上步；右手持刀经体前做剪腕花一周。右脚掌蹍地，身体右转180°，左腿提膝；同时，右手提腕向左侧下方点刀；左掌附于右臂内侧。

**动作要点：** 提膝、身体左拧、点刀同时完成，力达刀前端。

点刀005

传统名称：立鹤啄食。

现代名称：上步点刀。

源流：少林披身刀第十三式。

技法：点。

---

**动作过程：** 右脚上步；同时，右手持刀做剪腕花一周。随即右脚向前跳
步，左腿屈膝抬起；右手向前点刀；左手摆至身体左后方。

**动作要点：** 提腕、点刀，力达刀前端。

点刀006

传统名称：倒海移山。

现代名称：转身点刀。

源流：四门单片刀。

技法：点。

**动作过程：** 右脚向右上步；右手持刀做剪腕花一周。随即左脚上步，身体
右转360°，右脚向右前方落步；右手向前点刀；左手摆至身
体左后方。

**动作要点：** 提腕、点刀，力达刀前端。

点刀007

传统名称：战马点头。

现代名称：后撤步点刀。

源流：四门单片刀。

技法：点。

**动作过程：**右手持刀于右臂外侧做撩腕花一周。随即右脚提起向后撤跳
步，刀由上向前点出。

**动作要点：**点刀提腕，力达刀前端。

## 6.11 撩刀

撩刀001

传统术语：回头斩将。

现代术语：弓步反手撩刀。

源流：少林竞赛套路（刀术）第三段第三十一式。

技法：撩。

---

**动作过程：** 右脚向右前方上步，顺势身体右转90°成右弓步；同时，右
手持刀随转体经体前向右反撩，刀刃向上，刀尖向前，刀与肩
平；左掌置于右胸前；目视刀身。

**动作要点：** 眼随刀走；反撩刀时，旋臂抖腕；力达刀刃。

撩刀002

传统术语：舞袖扫尘。

现代术语：撩刀回身平扫。

源流：国际竞赛套路（第一套）第一段第八式。

技法：撩、扫。

**动作过程：**（1）右脚向右开步；右手持刀向后做撩腕花一周；左手下落
至身体左侧；目视前上方。

（2）右脚向左后撤步转身180°成马步；同时，右手持刀随转
体向右平扫；左手摆至身体左侧；目视刀身。

**动作要点：**撩刀手腕松活；扫刀快速有力，力达刀刃。

撩刀003

传统术语：仙女挑帘。

现代术语：回身上撩刀。

源流：厦门宗福寺传统南刀手抄整理第十式。

技法：撩。

---

**动作过程：** 左脚向左前方上步，右脚尖点地成后点步；右手持刀由上向下
经右腿外侧向左上方撩出；左手附于右前臂上；目视刀身。

**动作要点：** 动作舒缓，柔中带刚。

撩刀004

传统术语：惊燕穿撩。

现代术语：转身挂撩刀。

源流：国际竞赛套路（第一套）第二段第十六式、第十七式。

技法：挂、撩。

**动作过程：** （1）左脚向左开步，身体顺势向左拧转180°，重心移至左
腿，右脚扣于左膝后侧；同时，右手持刀经头上方向左后下方
挂刀；左掌收于右肩内侧；目视刀身。

（2）右脚向前上步，身体继续左转90°；同时，右手持刀向
后立圆绕行至身体后侧；左掌向前伸出。随即上体左转；右
手握刀向下经右腿外侧向右上方撩刀；左掌向后伸出；目视
刀身。

**动作要点：** 挂撩刀动作连贯协调、衔接流畅。

撩刀005

传统名称：宿鸟归巢。

现代名称：撩架刀。

源流：形意六合刀。

技法：撩、架。

---

**动作过程：** 左脚向后撤步，右脚尖前点成高虚步。右手持刀，左手钳于刀
背前段，经体前由下向上撩架刀，刀刃向上；身体后仰，向右
拧转；目视刀尖。

**动作要点：** 撩刀动作连贯协调、衔接流畅。

撩刀006

传统名称：天竹吐翠。

现代名称：提撩刀。

源流：少林拳体系。

技法：撩。

动作过程：（1）左脚、右脚、左脚依次向前上步；右手持刀，左掌附于右腕处，随上步在同侧各完成一次提撩花。

（2）上动不停，右腿提起；沿身体左侧由下向上推刀，右手持刀提至右耳侧，左掌托刀背前端处，刀背上段贴靠胸部，刀尖向左斜下方，刀刃斜向上；上体后仰。

动作要点：上步、撩刀协调配合。

## 6.12 抹扫刀

抹扫刀001

传统术语：龙拏甩尾。

现代术语：转身抹刀。

源流：国际竞赛套路（第一套）第三段第四十式。

技法：抹。

**动作过程：**右脚向左脚后撤步，身体向右拧转180°；同时，双手持刀随转体向右平抹，高与肩平；目视前方。

**动作要点：**动作圆活，协调一致；力达刀刃。

抹扫刀002

传统名称：抹面刀。

现代名称：仰身抹面刀。

源流：六合刀体系。

技法：抹。

动作过程：右脚向前上步，身体后仰；右手持刀经面部平云刀一周；左手
向下摆至身左侧。随即向右拧身；右手持刀向后截刀；左掌摆
至左斜上方；目视刀尖方向。

动作要点：抹刀要平；动作表现圆活沉稳。

抹扫刀003

传统名称：扭转乾坤。

现代名称：云刀上步扫刀。

源流：少林拳体系。

技法：云、扫。

**动作过程**：右手持刀随仰头于面前云刀一周；左掌置于右肩内侧。随即右
　　　　　脚向前上步，右腿屈膝，左腿跪地；右臂向右后方扫刀；左掌
　　　　　向左摆出；目视前方。

**动作要点**：云刀平圆，力达刀背；扫刀力达刀刃。

## 6.13 推刀

推刀001

传统术语：白虎食鹿。

现代术语：后推刀。

源流：国际竞赛套路（第一套）第二段第二十二式。

技法：推。

动作过程：（1）右脚向右开步；右手持刀、左手贴靠刀背向右弧形带刀，刀刃向上，刀尖向左；目视右前方。

（2）左腿屈膝内扣，左脚脚跟提起；双手持刀随身体向左拧转经胸前向左下方推刀；目视左下方。

动作要点：左手附于刀背推刀，力达刀刃。

推刀002

传统术语：倒卷帘。

现代术语：跪步仰身推刀。

源流：少林拳体系。

技法：推。

**动作过程：**右脚向后撤步，右手持刀做立腕花一周。身体顺势向右转身
180°成跪步；同时，左手置于刀背中段，双手压刀于腹前，
身体后仰，刀贴身推至头后。

**动作要点：**仰身、推刀动作连贯，力达刀刃。

## 6.14 腕花刀

腕花刀001

传统术语：鲁班架梁。

现代术语：震脚上架刀。

源流：少林竞赛套路（刀术）第一段第十二式。

技法：剪腕花、架。

---

**动作过程：**（1）右脚向右开步，身体右转90°，左脚上步落于右脚旁成并步；右手持刀做剪腕花一周，刀立于胸前，刀刃向前，刀尖向左；左手虎口张开夹于刀背上段；目视刀尖。

（2）上动不停，双脚并步震脚屈膝；同时，右手持刀、左手托刀向上推架至头前上方，刀刃向上，刀尖向左；目视前方。

**动作要点：**腕花刀快速连贯；震脚、推刀迅速有力；力达刀刃。

腕花刀002

传统术语：过关斩将。

现代术语：行步撩腕花。

源流：少林竞赛套路（刀术）第四段第四十八式。

技法：撩、撩腕花。

- - - - - - - - - - - - - - - - - - - - - - - - - - - - - - - - - -

**动作过程：**（1）左脚、右脚、左脚依次上步；同时，双手抱刀向上撩刀
3次。

（2）上动不停，身体顺势右转90°成骑龙步；双手抱刀提拉
至头顶右侧。

**动作要点：**行步、撩刀协调一致，动作衔接紧凑。

腕花刀003

传统术语：黑熊翻背。

现代术语：上步撩刀剪腕花。

源流：国际竞赛套路（第一套）第二段第十七式、第十八式。

技法：撩、剪腕花。

**动作过程：** （1）左脚向左前方上步，右脚顺势上步；右手持刀由右下方
向上撩刀；目视刀身。

（2）上体左转，双腿交叉，重心下蹲成歇步；右手持刀经右
臂内侧做立腕花一周，屈肘抱刀于胸前，刀刃向上；左手经身
体左侧绕行一周，屈肘按于右手上方；目视刀身。

**动作要点：** 撩刀贴身弧形撩出；力达刀刃前部。

## 6.15 插刀

插刀001
传统名称：金童托印。
现代名称：背后插刀上挑。
源流：六合刀第五段第五十一式。
技法：扎。

---

**动作过程：**（1）左脚向前上步，右脚跟步；双手持刀上推，使刀背经左
肩贴背后向下扎刀，刀尖向下。
（2）重心前移，成高虚步；右手持刀经右耳侧向胸前下压，
左手按刀，刀刃向下，刀尖向前。
**动作要点：**压刀时，以肩为支撑点；力达刀刃。

## 6.16 挑刀

挑刀001

传统名称：狸猫转头。

现代名称：转身扎挑。

源流：五行刀第三段第十二式。

技法：扎、挑。

- - - - - - - - - - - - - - - - - - - - - - - - - - - - - - - - - - - - - - -

**动作过程：**（1）右脚上步，身体顺势左转180°；双手持刀贴身向身体左
侧斜下方扎出。

（2）左膝上提；双手持刀向上挑刀，停于腹前左小腿内侧；
目视前方。

**动作要点：**扎刀迅猛有力；挑刀快速迅捷，力达刀尖。

## 6.17 压刀

压刀001
传统名称：饿虎擒羊。
现代名称：转身裹脑压刀。
源流：形意六合刀。
技法：裹、压。

---

**动作过程：**（1）左脚向前上步，身体顺势右转180°，右脚提起扣于左膝
胭窝处；同时，右手持刀向右平扫后做裹脑刀。
（2）右脚向后落步成右骑龙步；左手按于刀背中段向右下方
压刀；目视左前方。
**动作要点：**转身快速灵活，压刀时刀尖下垂，力达刀刃。